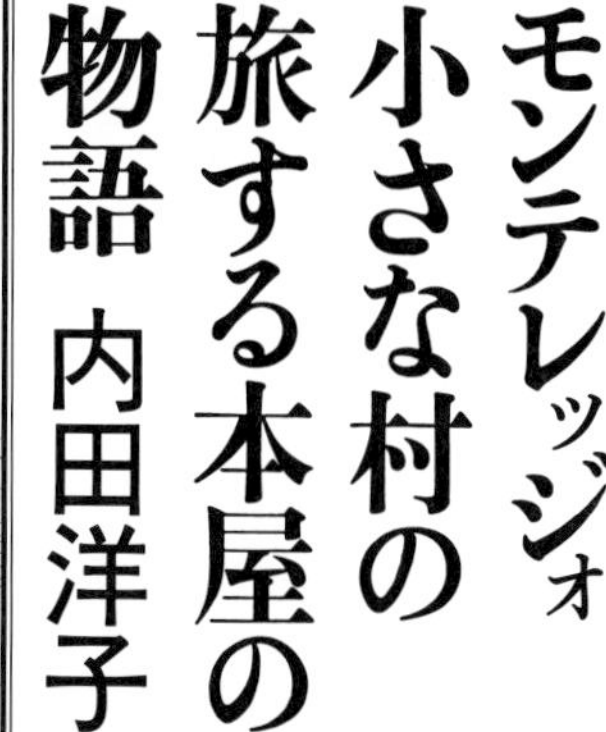

Monteregggio

Vicissitudini
di librai viaggiatori
da un paesino

Yoko Uchida

文春文庫

Repubblica Italiana

イタリア共和国

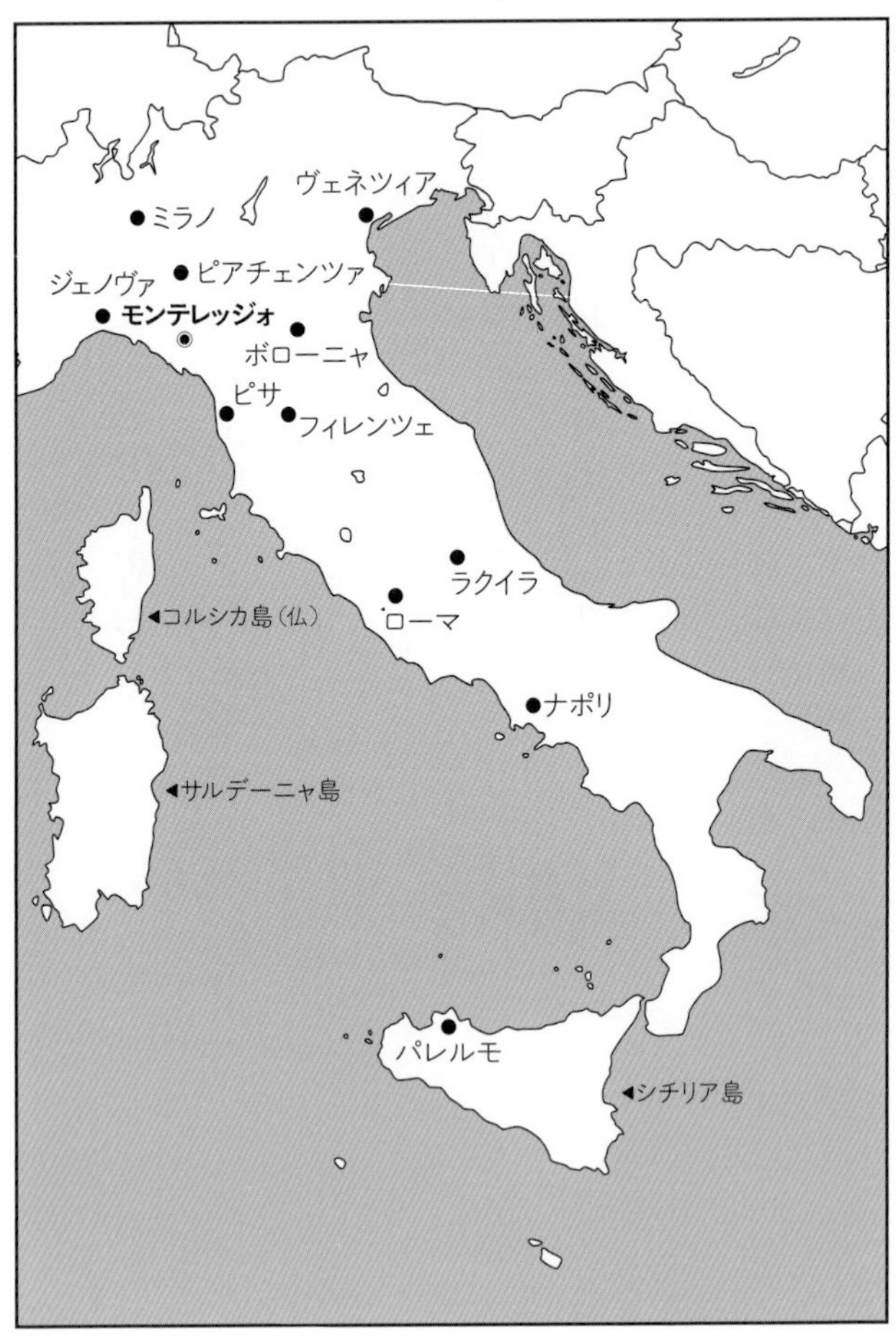

MONTEREGGIO

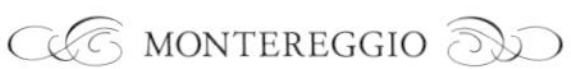

モンテレッジォ周辺

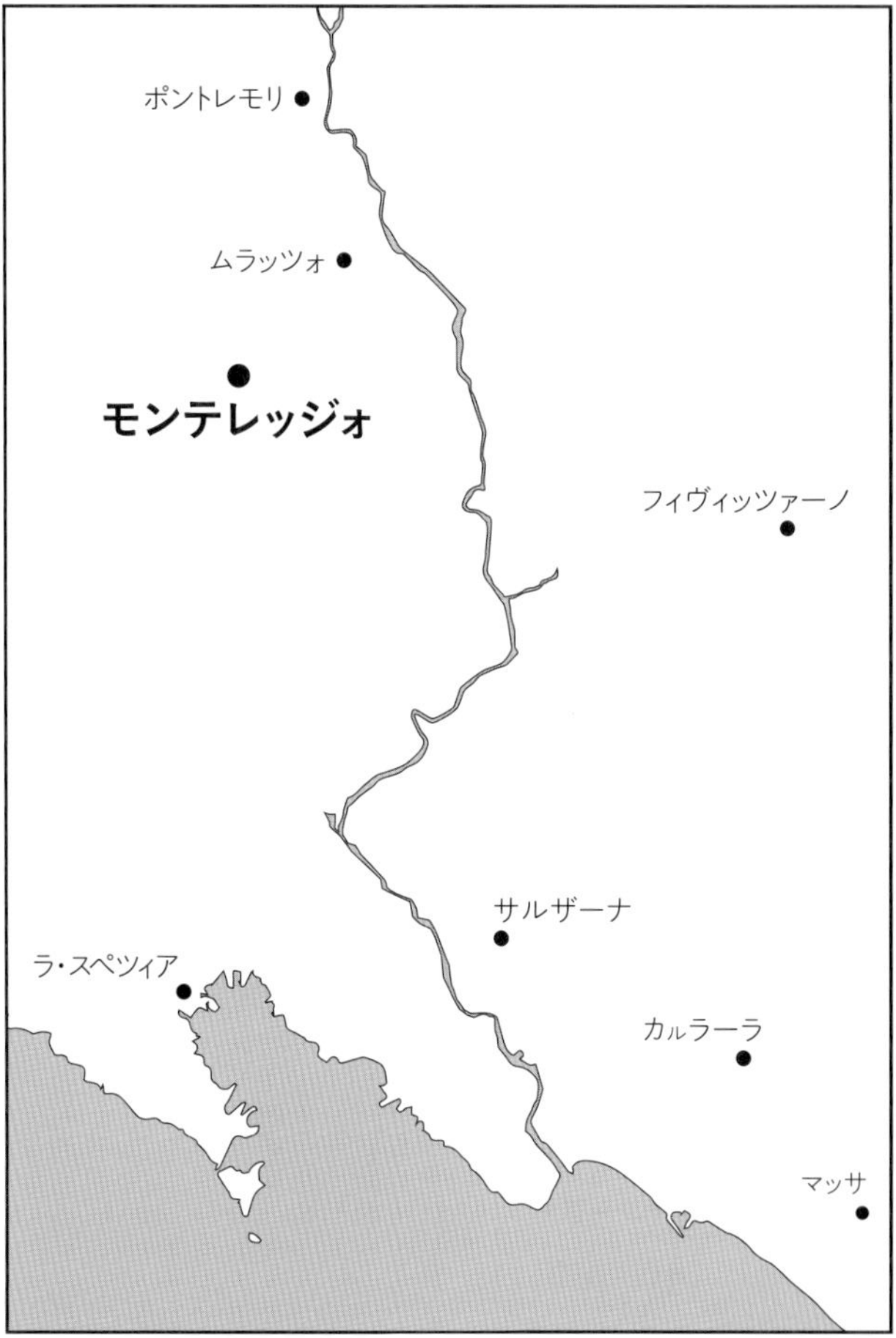
ポントレモリ
ムラッツォ
モンテレッジォ
フィヴィッツァーノ
サルザーナ
ラ・スペツィア
カルラーラ
マッサ

Via Francigena

フランチージェナ街道

イギリス
カンタベリー
カレー
アラス
ラン
ランス
シャロン＝アン＝
シャンパーニュ
バール＝シュル＝オーブ
ラングル
ブザンソン
ポンタルリエ
スイス
フランス
ローザンヌ
サン・モーリス
アオスタ
ヴェルチェッリ

はじめに

いつか読もう、と積んだまま忘れられている本はないだろうか。

ある日ふと読み始めてみると、面白くてページを繰(く)る手が止まらない。玉手箱の中から、次々と宝物が飛び出してくるような。

モンテレッジォ村は、そういう本のようだ。本棚の端で、手に取られるのを静かに待っている。

薦めてくれたのは、ヴェネツィアの古書店だった。とても居心地の良い店である。寡黙で穏やかな店主はまだ若いのに、客たちの小難しい注文を疎(うと)まずに聞き、頼まれた本は必ず見つけ出してくる。

〈ただ者ではないな〉

店主と客たちの本を介したやりとりに魅かれ、買わなくても寄る。たいした棚揃えに感嘆し、修業先を尋ねると、

「代々、本の行商人でしたので」

根を辿(たど)ると、トスカーナ州のモンテレッジォという山村に原点があるという。

「何世紀にも亘(わた)り、その村の人たちは本の行商で生計を立ててきたのです。今でも毎夏、村では本祭りが開かれていますよ」

驚いた。

籠(かご)いっぱいの本を担(かつ)いで、イタリアじゅうを旅した行商人たちがいただなんて。そのおかげで各地に書店が生まれ、〈読むということ〉が広まったのだと知った。

なぜ山の住人が食材や日用品ではなく、本を売り歩くようになったのだろう。

矢も盾(たて)もたまらず、村に向かった。

実に遠かった。鉄道は果て、その先の石橋を渡り、山に登り、人に会い、古びたアルバムをめくって、山間の食堂で食べ、藪(やぶ)を歩き、教会の鐘の音に震え、川辺の宿に泊まった。

見知らぬイタリアが、そこここに埋もれていた。

人知れぬ山奥に、本を愛し、本を届けることに命を懸けた人たちがいた。

小さな村の本屋の足取りを追うことは、人々の好奇心の行方を見ることだった。これまで書き残されることのなかった、普通の人々の小さな歴史の積み重なりである。

わずかに生存している子孫たちを追いかけて、消えゆく話を聞き歩いた。

何かに憑(つ)かれたように、一生懸命に書いた。

モンテレッジォ　小さな村の旅する本屋の物語

1 それはヴェネツィアの古書店から始まった

その書店は、商店の立ち並ぶ細い道を折れた路地の奥にあった。

ヴェネツィアを訪れると、本を買う必要もないのにわざわざその店の前を通るように回り道をしたり、時間があるときは店に入ってざっと棚を見渡したりした。

角の建物の外壁に沿って、書店はショーウインドウを設(しつら)えている。ガラスの引戸付きの木製の本棚を並べたような簡素なものだ。そこそこの奥行きがあって、細い路地幅の三分の一ほどを占めている。中には大判の美術展の図録や写真集、ケース入りの歴史全集、私家版らしい薄い詩集や料理レシピなどが一冊ずつ、ショーウインドウの奥全面には表紙を表にして立て、手前のスペースには平置きで並べてある。すべて古本。多彩な表紙は、古布を繋ぎ合わせて作ったパッチワークのようだ。弱い蛍光灯の下、表紙が浮かび上がっている。ほとんどの本が無名で、表紙には〈50%引き〉と記された紙片が付いている。黄ばんだり角が丸く磨り減ったりしているというのに、本の格とでも呼んだらいいだろうか、貫禄に満ちた様子で並んでいる。

ヴェネツィアは、干潟の上に造られた町である。季節を問わず湿度が高く、路地裏には一日じゅう陽の差し込まないところも多い。書店のある場所もそういう一角である。幻想的なヴェネツィアの薄暗い裏通りで古本を売る店は、異次元への入り口のように見えた。

裏通りにあるうえ、ショーウインドウのガラス戸は木枠だけの簡素な造りなので、石や棒で容易に破られるのではないか、と通るたびに気になった。しかしこれまで一度も壊れたのを見たこともなければ、欠けたりひび割れたりしているのすら目にしたことはない。いつ通っても一点の曇りもなく磨かれたガラス戸の向こうに、多様な本が整然と並んでいる。何度か通るうちに、木製の枠や背板のおかげでショーウインドウ内の通気性が保たれ結露を防いでいるのでは、と気が付いた。書棚が地面から五、六十センチメートルほど上に取り付けてあるのも、おそらく頻繁に町を覆う冠水から守るためなのだろう。

古い本たちは馴染んできたヴェネツィアの空気をこれまで通りに吸って吐き、ほどほどの湿り気をまとって、居心地が良さそうである。古びても、生きている。

まるでゴンドラのようだ。

木造船であるゴンドラは水路から水路を廻り、暮らしの音や匂い、水を吸い上げ、抱え込み、静かに放ち返す。船には、いくつものヴェネツィアが沁み込んでいる。〈ゴンドラは揺り籠であり、棺桶でもある〉。ゲーテの言葉を思い出す。

古い本たちは、木枠の付いたショーウインドウの中でさまざまな時をページの間に抱えて、手に取られるのを待っている。


時事報道の仕事柄、移動が多い。事件現場に、あるいはネタを探しに出かけていく。初めて訪れるところが多い。右も左もわからず、頼る知己はなく土地勘もない。そういう時は、古くからの宿に泊まったり、そこが懇意にしているタクシーに乗ってみたりするのに加え、書店を訪ねることにしている。場所によっては、書店がないこともある。そういう過疎地でも、万屋の一軒はあるものだ。日用品から食材を売るほかに簡単な飲食もできるような店の一角で、新聞や雑誌も売っている。深い山間地や離島になると、新聞が見つかっても前日のものだったりする。

「本ですって？　まだ残っているかなあ……」

思わぬことを問われて、店主は首を傾げながら奥へ入る。袋菓子や缶詰、ネジや電球の並ぶ横に、申し訳程度に新聞や雑誌が置いてある。その後ろの棚に、ノートやファイルと並んで数冊の背表紙が見える。

「この先に住んでいるマリオさんが書いた本なのですがね」

『村祭りの歴史』

版元を見ても、知らない名前だ。自費出版で、近くの印刷所の名前かもしれない。

「あの、マリオさんに直(じか)にお尋ねになってみますか？」

ページを繰って奥付まで見入っている私に、店主がおずおずと訊く……。

どんな本でも、連れてくる情報がある。一冊の本をきっかけに、思いもかけない蔓(つる)を引き当てることもある。見知らぬ土地や人が、本を介してそばへ寄ってくる瞬間だ。

　大手、中堅どころの出版社や報道機関の多くが北イタリアに集まっているため、私は仕事の拠点をミラノに置いている。国内外の主要都市との連絡もよく、移動や面談をするのに無駄な時間と労力がかからない。日帰り、もしくは一泊もすれば、ほとんどの用件は済む。

　ヴェネツィアへも特急電車で二時間半である。重要な美術展や講演、文化行事の開催が多く、頻繁に行く。ところが常にヴェネツィアは観光客でごった返し、歩くのもままならず、宿は取り難いし、物価も高く、ロマンと神秘さに業務中にもつい気を取られて

RIO TERRÀ DEI
ASSASSINI

しまう。用件を端的に済ませ、できるだけ日帰りで行くようにしてきた。

ヴェネツィアでの移動は、水上バスか徒歩に限られている。混雑する中を行くには、荷物は少ないに限る。人混みを避けるため、地元の友人から教えてもらった抜け道を行く。建物と建物が互いにしなだれかかるように建つその裾（すそ）を、すり抜けて歩く。一人通るのがやっと、という裏通りは、雨が降っても傘を広げることもできないほどだ。目印になるような商店もホテルも食堂もないが、壁ごとに黒カビの生え方も異なっているし、繰り返し通るうちに足裏で石畳の凹凸を覚えるものだ。

冬だった。細かな雨が斜めに降り続けていて、まだ昼を過ぎたばかりだというのにもう景色は無彩色に沈んでいる。サン・マルコ広場での用件を終え駅へと急いでいると、先方にショーウインドウがあるのが目に入った。いつもの抜け道である。通い慣れていたはずなのに、これまで気が付かなかった。

〈前からあったのだろうか〉

狐に摘（つま）まれたような気分でショーウインドウに近付くと、中には多数の本が並んでいる。すぐ横のガラス扉を押して店へ入った途端、天地左右から本がどっと押し寄せてきた。店の中央の平台には本が堆（うずたか）く積んである。壁面はすべて本棚だ。床には隙間なく、おびただしい数の段ボール箱が置いてある。店の入り口周辺に辛うじて人が通るスペースはあるものの、左右から積まれた本がはみ出しているので身を斜めにしなければならない。動くに動けず立ち尽くしている私を奥にいる先客たちはちらりと見るが、すぐにまたそれぞれの本の山に目を戻している。

本の山に囲まれて座っている人が店主なのだろう。コンピューターと電話を置くとも う葉書ほどの余地しか残っていない机の上で、メモを取ったり検索したりしている。

無数の本は、闇雲に積み置かれているわけではなかった。山ごとにテーマ別の区分がされている。内容も判型も多岐に亘るが、どれも古本だった。

「うちの本はすべて、ヴェネツィア関連か美術ものです」

事務を一段落させて、店主が一見の私に店内の説明をしてくれた。

改めて山々を見渡す。

歴史、文芸、経済、政治、宗教、芸術、医学、薬学、科学、法学、建築、スポーツ、料理、旅行、地図、海図、潮流図、農業、漁業、工芸、庭園、植物図鑑、魚介類図鑑、船舶図鑑、礼儀・作法、芸能、ファッション、民話、写真、展覧会の図録……。

およそ思い付くすべてが集められている。それは、細分化したヴェネツィアだ。

どの本も一点ものである。今日買い逃すと、もう二度と入荷されないかもしれない。

一期一会の本たちを前にして唸る私に向かって、常連たちは、そうだろうそうだろう、と頷いている。

ティツィアーノの画集の強い赤。

ヴェネツィア語で書かれたカルロ・ゴルドーニの戯曲全集。

中世の航路図。

干潟の漁業の記録。

カーニヴァル衣装の変遷。

どれも欲しかった。しかしどの本も分厚く、とても持ち歩けるような重さではなかった。

「お待ちしています。いつでもまたどうぞ」

胸いっぱいのまま、しかし手ぶらで店主の声を後に駅へ急いだ。


あれから数年。縁あってヴェネツィアで暮らすことになった。

通うのと暮らすのとでは、町の見え方ががらりと変わる。一番の違いは、帰りの電車を気にせず散策できることである。あてもなくふらりと出かける。行き当たりばったりで未踏の路地を試す。迷えば迷うほどヴェネツィアの懐(ふところ)の奥へと分け入っていくような気がして、住人ならではの醍醐味と優越感を味わう。そして何より、件(くだん)の〈ベルトーニ書店〉へ立ち寄り好きなだけいて、気に入った本が見つかれば買って帰ることができるのがうれしかった。

本の山を裾から一歩ずつ登っていき、ときどきトンネルをくぐり抜けたり獣道(けものみち)に迷い

込んだりする。本の尾根からのヴェネツィアの眺めは、店へ行くたびに変わった。店主アルベルトが荷解きをし、自ら一冊ずつページを繰っては仕分け、少しずつ並べ直しているからだった。膨大な数にもかかわらず、彼は本ごとに相応しい居場所を見つけてやる。平台の隅に放り置かれているように見えて、実はその一角が真っ先に客の目に留まるところだったりする。あるいは簡単には手の届かない、奥の棚へ移される本もある。誰かに取り置くように頼まれたのかもしれない。

「長く置けば値が上がる、という売り方はしませんので」

ワインのように熟成すればより逸

品となる本もあるのか、と尋ねたら、アルベルトは〈50%引き〉の紙片を摘み上げ首を竦めてそう答えた。

本は書店の細胞だ。頻繁に手入れされているおかげで、店内はいつも瑞々しい雰囲気に包まれている。古本なのに、投げやりだったりくたびれたりしていない。〈読んで！読んで！〉。手に取ってもらうのが待ち切れない様子だ。刷り上がったばかりの本のように生き生きとしている。

棚揃えは、書店主の人となりだろう。常連たちは本を探しに来るようで、実はアルベルトと喋りたくて訪れている。地元の客だけではなく、他都市からも美術や建築の専門家たちが来ているようだった。それぞれが、最近読んだ本や見聞きした情報、共通の知り合いの噂話などをしている。ときには横で本を見ていた別の客も加わって読後感想を熱心に述べ合うことになったり、話題が飛んで新作映画や旅先での話になったりもするのだった。

アルベルトはニコニコしながら、客たちの話にじっと耳を傾けている。客たちの雑談にふと間が空くと、

「これなど、どうですかね」

絶妙の間合いで背後の棚から一冊抜き出し、客たちに見せる。たった今、四方山話に出てきたことを扱った本である。一同、ほう、と感心している。

「それじゃあ、もらっていこうか」
どうも。いつでもまたどうぞ。

ヴェネツィアに暮らし始めてほどなく、離島のひとつであるジュデッカ島の近くに女性の死体が浮いた。首なし、手首から先なし。猟奇殺人事件は、被害者の身元も不明で容疑者も検挙されないまま何日か過ぎ、町には不穏な空気が流れていた。

しかも雨が続いて沈鬱。気分転換に、と書店を訪ねることにした。店に通ううちにわかってきたのだが、レジ席には買取してきたばかりの本か店主のお勧め本が積んである。それをよく知っている常連たちは店の奥へ入る前に、〈掘り出し物は？〉と、ひとまず挨拶がてら店主に目で伺いを立てる。店主が席を離れていたり、手を離せないときは、馴れた様子でレジ席周りに積んである本から見始めるのだった。

気晴らしになる本はないか、と私も常連たちに倣（なら）ってレジ席に目をやってみた。

『ヴェネツィアの刑務所』
『干潟と離島のミステリー』
『ジュデッカ島の歴史』
……。
店主は背をこちらに向けたまま、黙って棚の並べ替えをしている。

あるとき、日本の雑誌から原稿の依頼があった。

〈イタリアの下水道についてエッセイをお願いします〉

散歩の帰りに書店に寄り、この風変わりな依頼をアルベルトに何となく話した。すると彼は入り口の近くに置いてあった段ボール箱を覗き込み、これ！　と、うれしそうな声を上げた。

『ヴェネツィアの上下水道のしくみ』

干潟の断面図が表紙になった、ずいぶん地味な装丁の本である。

「ちょうど昨日入ってきました。著者は熱心な研究者のようですから、内容が濃過ぎるかもしれませんがね」

アルベルトは飄々と言った。まるで私が探しに来るのを、本といっしょに待っていたかのようだった。仰天しながらページを繰ると、写真

やスケッチに加えて緻密な図解や数式、記号が並んでいる。都市建築、工学、生化学などの知識を駆使してまとめてあるのが素人目(しろうとめ)にも明らかだった。躊躇(ちゅうちょ)し、買い控えていったん帰宅したのだが、ひと晩明けて気が変わった。開店早々に店を訪ねると、

「あの手の論文集は、足が速いのです」

もうなかった。

そういうわけで、〈ヴェネツィアを舞台に女性の話を〉という原稿依頼を受けたときには即、書店に直行した。

女、女と、呟(つぶや)きながらアルベルトは本の間を縫って歩き、あちこちから数冊を抜き取ってきた。

『ヴェネツィアの女性たち　中世の貴婦人から
ペギー・グッゲンハイムまで』
『ヴェネツィア共和国元首(ドージェ)夫人たち』
『十八世紀の娼婦』
『おばあちゃんの郷土料理レシピ集』

「女性、といっても、まあいろいろでしょうから……」

ひとまず家に持ち帰ってゆっくり目を通し不

要な本は戻してくれればいいから、と、代金を受け取ろうとしないのだった。

この店で本を買う人は、きっと再訪してはまた別の本を買うのである。新刊も買うし図書館も利用するけれども、アルベルトの店にはまた戻ってくる。遠洋へ出航していった船が、いずれ必ず母港に戻ってくるように。

本を買う必要がないときもつい店に立ち寄るのは、単に本が好きというだけではなく、客たちが自分の胸の内を彼に読み解いてもらいたいからではないか。

読んで、読まれて。

アルベルトの書店は、私にとってヴェネツィアの水先案内人であり知恵袋である。わからないことがあると、まず店に行く。資料になる本があるかどうか。同類書が多数あるとき、あてになるのはどれなのか。アルベルトは相談を受けると、難題でもけっして引き下がらず、

「父に訊いてみます」

と、返事することが多かった。

数年前に彼の父親は店を任せて引退したが、今でも息子が休む週末に交代要員として店に出てくる。本に囲まれて、いつもニコニコしている。ふと目が合うと、

「はい、何をお探しでしょう」

強いヴェネツィア訛りで早口に尋ねる。首を少し傾げて控え待つ様子は、忠実な執事か目配りの利く大番頭のようだ。老人にありがちな頑なさや訳知り顔なところがない、低姿勢で穏やかな人である。

土日と平日とでは、客の顔ぶれが異なっている。それぞれ先代であるこの父親の贔屓客と、当代アルベルトに付く客なのだろう。店主が違えば、客との雑談の内容も変わる。先代は、本のことだけではなくその著者のこと、図録からは美術展が開催されたときの賑わいぶりや当時の世評など、本が読まれた時代のことをよく覚えている。話題は多岐に及び、話し相手になる客たちも揃って長齢のため、朧げな記憶を頼りにそれぞれが意見を加えて雑談はとめどがない。土日に書店へ行くと、タイムトリップが楽しめる。

この書店の歴史はそのまま、ヴェネツィアで読まれてきた本の歴史なのか。目の前で歴史巻物が解かれるのを眺めるようだ。感嘆する私に、

「いいえ、私の祖父が創業したので、息子はまだたったの四代目です。それに父の家系はヴェネツィアではなく、トスカーナ州が出処でしてね」

トスカーナ州ですって？　フィレンツェ？

いえいえ、と頭を振ってから、晴れ晴れと誇らしげな顔で言った。

「モンテレッジォです」

2　海の神、山の神

ヴェネツィアの本好きたちが集まる書店は、もう何世紀も前からそこで商売をしているものだとばかり思っていた。観光客で賑わう地区から逸れたところにあるものの、とりわけ不便というような場所でもない。抜け道さえ知っていれば、サン・マルコ広場からも十分ほどだ。周囲にあるいくつかの小さな広場と、地元の住民たちが通う軽食堂やバールを繋ぐ動線上にある。

「空き時間ができたから、ちょっと本屋でも覗いてみるか」

「これ、本屋の主に託けておくかな」

休憩所というか、中継点というか。他所の人であふれる町で、地元の気心の知れた人たちから便利に利用されている。知る人ぞ知る店なのだ。

客の出入りが頻繁な書店というのも、居心地の悪いものである。けれどもまた逆に、息を潜めて試し読みしなければならないような店も辛気臭い。照明で煌々と照らされ過ぎることなくまた暗過ぎず、広くもなく狭くもない店内に、二、三人ほどの客。そして店主。あとは本。しかも扱うのは古本だけだ。ときおり聞こえるのは、ページをめくる音くらい。理想の書店を具現したような店である。旨味のある商権を手にするのが厳しいヴェネツィアで、これほどの好条件を兼ね備えた店舗を構えるのは新参では到底無理だろう。相当の老舗に違いない……。

ところが聞くに、現在の店主でようやく世襲の四代目に過ぎず、しかもここで開業した曽祖父はトスカーナからの移住者だったという。

三代目の老父は、よくぞ尋ねてくれた、と本棚から地図を抜き出し揚々と広げると、初代の出身地を指差した。

〈モンテレッジォ〉と記された周辺には見知った地名がないどころか、あるのは山脈だけである。空白の多い地。フィレンツェが州都のトスカーナ州に属しているが、ジェノヴァが州都のリグリア州との境界線がすぐそばを走っている。北上してすぐが、ボローニャを州都とするエミリア・ロマーニャ州との境だ。重要な三つの州に囲まれてはいるものの、どの州都にも近いというわけでもない。交通機関はといえば、太線の道路は近くの山岳地帯の麓あたりでプツリと途絶えている。地図上で見るだけでも、ずいぶん辺鄙で逼塞している印象である。

美しい自然に恵まれてはいるが他にこれといった特色もなく、世の中から忘れ去られてしまったような町村はそこここにある。初代は、そういう山奥の故郷を出て都会で異なる人生を試してみたかったのかもしれない。中世以前から交易で栄え、数世紀に亘り世界じゅうから情報と人材、財源が集まったヴェネツィアである。どうせ移住するなら、と頂点を目指したのではないか。

「そういう大志があったかどうか……。昔から、モンテレッジォの男たちは他所へ物売りに行くもの、と決まっていましたのでね。それに倣ったのだと思いますよ」

地元の経済基盤が脆弱なために他所へ働きに出る話は珍しくもない。老店主が熱心に説明するのを、そのうち先祖の立身出世話になるのだろう、と私はときどき適当に相槌を打ちながら聞き流している。物売りというからには特産品もあったからこそでしょう、とお愛想に感心すると、

「腕力です、男たちの。それもいよいよ売れなくなると、本を売り歩くようになりました」

三代目は、ぐっと顎を上げて答えた。強いヴェネツィア訛りに加えて、前のめりに早口で話す。

今、〈腕力〉と言いました？　そして何ですって、〈本〉？

腑に落ちずに聞き返した私に、

「男手を必要とする農地へ、出稼ぎに行ったのですよ。景気が悪くなると、他所にも働き口はなくなった。村には特に売る産物もありませんでした。それで本を売ったのです」

ワイン祭りやソーセージ祭り、茸祭りに鴨祭り……。農繁期の夏から収穫期の秋にかけて、イタリア各地でさまざまな祭りが行われる。農業や牧畜業に携わる人たちが収穫物を持ち寄って料理を作り、飲み食いし、踊って楽しみ、労う。

「モンテレッジォの収穫祭は、だから本なんです」

ヴェネツィアの書店主から山村の夏祭りの話を聞いて、再び驚いた。鴨やフォカッチャの代わりに、本を肴に踊るなんて。

中世の写本の時代から、長らくヴェネツィアは西洋の出版の中心だった。時代が移るにつれ各都市国家にも印刷所や出版社が生まれていったが、深い山奥のその小村にも個性的な出版社があったのかもしれない。あるいは山の木々を原材料に紙が生まれ、その縁続きでの本なのかもしれない。または、飼っていた牛馬や羊の皮が本へと生まれ変わったとか……。

ヴェネツィアの国立図書館で見た、数世紀前の写本や海図を思い浮かべる。卓上に収まりきるかどうかというほどの大判の写本は、美しい書体で記された古代ギリシャ語やラテン語の本文に、ページ頭の最初の文字には装飾が施されてあり、一枚の絵画を見るようだった。

「いや、ただの古本ですよ」

私が古の装飾写本を連想しぼんやりとしているのを見抜いたように、老店主は事も無げに言った。

「父もそのまた父も、私たちの先祖は皆、古本を売りに歩いて生計を立てたのです」

帰宅して、再びじっくり地図を見る。老店主から聞いたことが、よくわからなかった。

山から本への飛躍は突飛過ぎた。村に特産物がないため、男たちは本を売りに他所を回った？　印刷所もない村の稼業が、なぜ本売りなのか。どこから仕入れて、誰に売ったのだろう……。

ネットで検索する。空撮写真を眺める。山、渓谷、また山。村の概要に始まり、伝統行事、産物、自然環境、歴史、遺跡、人口の推移など。ぼんやりとした輪郭は浮かび上がったものの、村の暮らしの仔細が知れるような資料には行き当たらない。点在する情報は天災の年代や高位聖職者の名前だけで、歴史の切れ端を摘み上げるようだ。一枚の布に縫い繋ぐと、どのような模様を成すだろう。

路地裏の古書店のショーウインドウを思い出す。時代も分野も異なる何冊もの本が、表紙を並べてひとつの情景を作っている。『ひとりは誰でもなく、また十万人』*、か。

「行ってみることですね」

翌日、古書店を再訪すると、老店主はただそれだけ言った。〈いってらっしゃい〉。その背後で、店内の古本が揃って表紙をはためかせたように見えた。

モンテレッジォの村祭りは、毎年夏に開催されているらしい。調べると、数年おきにときどき思い出したように本祭りのことは報道されてはいるのだが、どの記事も似たり寄ったりの内容だ。子引き孫引きされて、繰り返し掲載されているのだろう。

引用の大元となっているのは、有志が立ち上げた、村を紹介するサイトのようだった。頻繁に更新はされていないけれど壁の石や山の木に至るまでを追い、村を取り巻く要素は漏れなく記録しておこうという気概に満ちている。何より驚いたのは、紹介文の冒頭にまず村の位置を示す緯度経度と標高が記されていることだった。まとめたのは、さぞ真面目で几帳面な人たちに違いない。細かく分けた項目のもとに、地名や人物名が小さなサイズのフォントで記載されている。本文や写真をクリックしても、関連リンクへ飛ぶようには作られていない。熱心に調べてわかった順から箇条書きするように、画面に貼っていったように見える。勤勉な学生のノートのようだ。

　画面を繰ってみるが、サイトには広告がひとつも掲載されていない。毎夏の村祭りで本を扱っているというのに、出版社の広告すらない。バスや鉄道会社のリンクもない。宿や飲食店案内も載っていない。モンテレッジォという村に関することだけが凝縮され塊となって、インターネットという空に浮いている。他力に頼らず、口を挟ませず、誰に媚びることもない。外連のない説明が続く。構成は地味で使い勝手の良いサイトとは言えず、いかにも素人の手作りという印象は否めない。しかしそれが作った人たちの実直さと熱意を代弁しているようで、読み進めるうちにだんだん胸が熱くなってきた。

　この人たちは、心底モンテレッジォが誇りなのだ。

「……」

電話の向こうは、返事に詰まっている。村についてのサイトの裾に事務局の連絡先を見つけて面会申し込みのために手紙を書き始めたのだが、少しでも早く村を訪ねてサイトを立ち上げた人たちに会いたい思いが募り、矢も盾もたまらず直接電話をかけたのである。

自分は、日本とイタリアの間でマスコミ関係の仕事をしていること。

ヴェネツィアで知り合った古書店主から、モンテレッジォを知ったこと。

代々村の男性たちは本を売って生計を立ててきた、と聞いた。

本が主役の夏祭り、とか。

その山になぜ本なのか。

村についてのサイトを読んで胸を打たれ、こうして電話をしていること。

等々、私は一気にまくし立てた。すぐにでも村を訪ねてみたいのだが、とひとまず締め括り相手の返事を待った。

「私どもの村にご興味を持っていただき、まことにありがとうございます」

ひと呼吸置いて、電話の向こうからおずおずとした調子で返事があった。

「サイトを立ち上げた有志代表の、ジャコモ・マウッチと申します」

静かで丁寧な応対に、〈想像していた通り〉と私は舞い上がる気持ちを抑えながら、

下調べを兼ねてこの週末にも村を訪ねたい、と伝えた。さらに続けて、村へ車で行く道順を訊き、早春のこの時期に道程には残雪や凍結した区間はないか、山道の傾斜は普通車でも上れるだろうか、お薦めの宿泊所はどこ、バールはあるか、など矢継ぎ早に質問を重ねた。気が逸っている。

ジャコモは、うーん、と戸惑ったような声を上げ、再び黙ってしまった。

「申し訳ありませんが、少しお時間をいただけますか」

最初の挨拶のときと同じく、静かで丁寧な声で彼は告げ、「それではさようなら」。

私は、早々に切れてしまった電話を前に臍を噛む思いである。村の緯度も経度も知っている。地図もある。有志代表の名前も連絡先もわかった。未知の場所を訪れるのには慣れている。いつもなら、可否の返事を待つことなく車に飛び乗り、現場へまず向かっていただろう。

ところが、モンテレッジォは何か違うのだった。地図と少々の情報しか知らないというのに、心の奥をつかまれたような気持ちになっている。

ヴェネツィアの路地の古書店。古書店から山の村へ。そして、本へ。

何か特別な力に引っぱられていく。

さて、モンテレッジォは、北緯四十四度十七分四十六秒、東経九度五十分三十六秒、標高六百五十一メートルに位置する。イタリア半島北部の内陸の山岳地帯にあるが、南西に五十キロメートルほど下ると、海だ。

このリグリア海に面して、ラ・スペツィアという町がある。モンテレッジォに一番近い海の町である。奥行きが四・五キロメートル、幅が三・五キロメートルという広大な湾で知られる。入江の海岸線は、全長で五十キロメートルにも及ぶ。海沿いの一帯に人々が暮らした歴史は古く、発掘された遺跡などから青銅器時代にも遡(さかのぼ)る。商業港、観光はもちろん、イタリア海軍が拠点を置く重要な軍港の町としても知られる。

海に近い内陸部には、カㇽラーラというイタリア最大の大理石の生産地がある。海浜部の町マッサと合わせて、採石場の一帯を通って港湾へと流れ込む河川、マグラ川の水運業でも栄えた町だ。

ラ・スペツィア湾に繋がるすぐ西側には、チンクエ・テッレ（五つの大地）と呼ばれる小村が海沿いに連なっている。沿岸には断崖絶壁が続く。複雑なリアス式海岸のおかげで古代から異教徒たちの上陸を阻んできたが、諸刃の剣で、長らく交通網が整備されず、電波も届かず、インフラが立ち遅れて近代化から取り残されてしまった。戦後の復興期に都市化が進んだイタリア半島北部に位置しながら、時代が止まったままの一帯ではあるが、純度の濃い地域の特異性が残っている。

こうした町は海沿いにありながら、山との連携で生き延びてきた。

古代ローマ帝国がラ・スペツィア地帯を管下に置いたのは、紀元前一五一年とされている。理由は、商業港や軍港に最適なその地形と気候にあった。

湾は東西に長く伸びているが、海岸線の間際まで険しい山々が迫っている。湾が広いので上陸するのは簡単のように見えるが、そう容易くはない。周囲の山々は、強い季節風を遮る役目を果たす。古の帆船の時代には、追い風と向かい風を使い分けて航路を取った。この湾には屏風のような山々があるために、外海から陸へ向かう一方通行の季節風しか吹かない。湾に押されて入っていったものの、不利の戦況になっても湾から外海へは簡単には引き返せない。陸側では、この海を知り尽くした無敵の兵士たちが迎え撃つ。

加えて、海深である。ところによっては深さが三百メートルを超えるかと思えば、五メートルと浅いところもある。したがって潮流は複雑だ。航路を読み辛い。この海を読み慣れていなければならない。そもそも広大なので、外海から湾に入ってから陸に着くまでにかなりの時間がかかる。見通しが良いため、広い湾内を遅々と行く不審な船はすぐに目に留まる。たとえ上陸し戦線を突破できたとしても、陸路の先には険しい山脈と渓谷が続く難関が待ち受けている。

ラ・スペツィア湾を見るたびに、巨大な生簀（いけす）や仕掛け網を連想する。ここから入り込もうとした外敵は、文字通り一網打尽となった。海と山が守ってきたのだ。

近郊の町からラ・スペツィアへ入ると、その余裕に満ちた雰囲気に気圧（けお）される。ローマのように巨大な遺跡が並び建つわけではないのに、町に下り立つと、正面には海、背後に山、頭上に天が揃って出迎え、包み込み、護衛してくれるように感じる。私はイタリア半島の海沿いや地中海の島々を巡回しながら船上暮らしをしていたことがあるが、〈見えない大きな力に守られている〉という、ラ・スペツィア湾で受けた感覚は唯一無二だった。

この安堵感こそが、何を措いてもラ・スペツィアの特徴だろう。加護とはこの感覚だ、と実感した。

海からは、さまざまなものが入っては出ていく。異物が必ずしも害とは限らない。闇雲に水際で排斥したり、留めて腐らせてしまうには、惜しいこともあるだろう。未知のものは好奇心を刺激し、発見や進歩へと繋がることもある。海から山を越え、遠い地へと伝えられ、再び同じ道を姿を変えて戻ってくる。新奇は転機を呼ぶ。

古代ローマ帝国の統治者は、地中海を制した人々である。海の力を知っていた。最高神ゼウスに次ぐ力を持つ神はポセイドン、海の神である。海から陸へ、陸からまた海へ。流れは新しい産業を生み、暮らしを向上させる。人々の意欲は増し、社会が活性化する。守りつつ、取り込み、また流し返す。

海へと繋がる流れに道が通り、集落が生まれ、世界が広がり、新しい歴史が作られていった。

十六世紀の地図学の権威、ジョヴァンニ・アントニオ・マジーニが作った、当時のイタリア半島全土地図を見てみる。各地の詳細な地名や地誌を網羅した、初めての全図だ。その後の地図の概念を大きく変え、海路や陸路の発展に大きく貢献した。

すでにこの地図上には、ラ・スペツィアから山へ向かって何本もの道が伸びている。太線の道は、マグラ川に向かって内陸へと伸びている。川沿いには大理石の生産地帯がある。一帯で採れるのは貴重な白い大理石で、古の時代から需要の多い建築資材だった。内陸部にはエトルリア人が先住しリグリア人の管下に採石していたが、紀元前一五五年に古代ローマ帝国が採掘所に近い町ルナを基地として占拠し、大理石の出荷港として整備し統治下に置いた。

古代ローマ帝国は、地中海各地で軍事拠点や資源、交易拠点など、ここぞという地点に目星を付けて廻った。後継した統治者たちはその点と点を繋いで、新しい動きを生み出していった。そのひとつの点がラ・スペツィアであり、同時期に統治下に置いた大理石の生産地や基地で、後に港町となったカルラーラやマッサだった。

マジーニが作った十六世紀の地図にはそうした古代ローマ帝国時代からの基点に加え

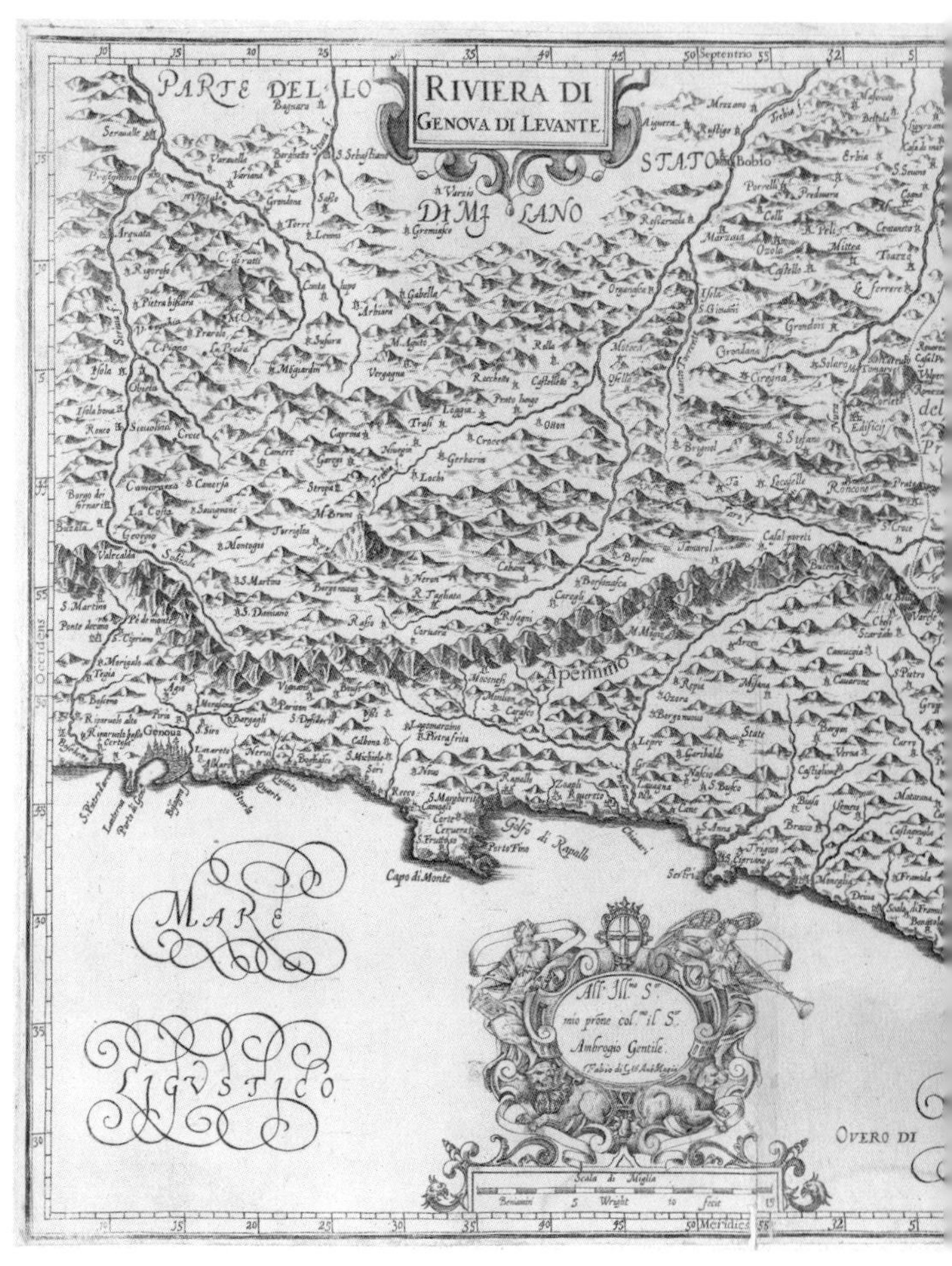
RIVIERA DI
GENOVA DI LEVANTE
PARTE DEL LO
STATO
DI MILANO
Apennino
Genoua
Golfo di Rapallo
Capo di Monte
MARE
LIGVSTICO
OVERO DI
All' Ill.mo S.r
mio prone col.mo il S.r
Ambrogio Gentile
Scala di Miglia
Beniamin Wright fecit
Septentrio
Meridies
Occidens

て、その後、生まれていった海沿いや内陸の町が多数記されている。

そこに、モンテレッジォもあった。

山々の中に記載を見つけてうれしく、思わず声が漏れた。村の紹介のまず最初に緯度経度を記した、ジャコモたちの気持ちがよくわかった。

モンテレッジォの地名の横に、建物の絵がある。山頂に建っているように見える。周囲の村には、建物の絵があるところとないところとがある。何の印だろう。統治者の城だろうか。あるいは、監視塔か。貴重な商材を狙って、本道ではない傍道から奇襲をかけたり採石場や大理石の基地を侵略したりする敵もいたに違いない。海からの侵入を山頂から見張る塔だったのかもしれない。海を介しての商いの道中に設けた、検閲所の印かも……。

それにしても、山、山、山だ。

「遅くなりまして、申し訳ありません」

夕刻に受けた電話はジャコモからだった。

「今、村にいらしても、人がおりません。残ったわずかな住民も、この時期はほとんどが山から下りて他所で暮らしているのです。お一人で行かせるわけにはいきません。ただ私もラ・スペツィアに住んでいるので、土日以外はどうしてもお供できないのです」

緯度経度に古代ローマ帝国が作った商いの道や港、中世の地図に記されたモンテレッジォと山頂の塔の絵が、頭の中でぐるぐる回っている。

「それで、明後日の日曜日のご都合はいかがでしょうか。ミラノまで私たちがお迎えにあがります」

他所で暮らしている村人の中に、ミラノ住まいの人がいるという。村の紹介サイトを立ち上げた有志の一人で、私の問い合わせを受けてジャコモが彼に相談し、集まれる村人にも声をかけて日曜日に集合することに決めたのだ、と説明した。

初対面の人たちである。せっかくの日曜日を邪魔するのは気が引けた。私が返事をためらっていると、

「この土曜日は、僕の誕生日なんです。ずいぶん前から妻がレストランの予約を入れてくれておりまして。まことに申し訳ありませんが、なんとか日曜日でお願いできれば……」

恐縮するジャコモの声を聞きながら、訪れる前からもう村に魂を持っていかれてしまう。

＊　一九三四年にノーベル文学賞を受賞したイタリアの劇作家、小説家、詩人であるルイジ・ピランデッロの作品（脇 功訳、河出書房新社、一九七二年）。

EROICI
DEI
CHE DA QUESTE MONTAGNE
TRASSERO ORIGINE ED ISPIRAZIONE

3　ここはいったいどこなのだ

晩冬の朝。霜が降りて、路面は銀色に光り冷え冷えとしている。広場にはオレンジ色の街灯がぼんやり浮かび、ミラノは暗がりに沈んでいる。日曜日で人通りは少ない。町はまだ眠っている。私は早々に、待ち合わせの場所である広場の角で待っている。

「ミラノから近いです。あっと言う間に着きますよ。僕も村に行かなければならない用事があるので、ちょうどよかった！　それでは日曜日の朝、何時頃にお迎えにあがりましょうか？　ああ、申し遅れました！　モンテレッジォの件でお電話差し上げています。初めまして。マッシミリアーノ・ネンチォーニです。事務局のジャコモから聞き、お電話をしています。ミラノに住んでいますので、僕が村までお連れすることになりました」

受話器の向こうで弾む若々しい声。モンテレッジォ村紹介のホームページを立ち上げた有志の一人で、副代表を務める。親の代に村を出て、北部イタリアに移住。彼自身はそこからさらにミラノに移り、もう長いのだという。

「仕事も家庭もミラノに持ちましたが、僕の故郷はやはり、先祖代々が暮らしたモンテレッジォなんです」

顔を合わせる前から、マッシミリアーノは電話の向こうでどんどん身の上を明かしていく。途中で遮るのは申し訳ないし、惜しい。私が合いの手を入れると、すぐに明るく返す。村のことを話すのが楽しくてしかたない、という調子である。

〈子犬みたい……〉

快活な受け答えに気持ちが和む。ずいぶん昔からの知り合い、という空気が流れる。計算ずくの弁口ではない。素直で爽やかな性分なのだろう。押し付けがましくない言葉がほとばしる。さすがにこれ以上はやや冗長か、と懸念したそのとき、彼はひと息吐いて、

「では、日曜日お目にかかれるのを楽しみにしています」

鮮やかに締め括った。ぜひ会ってみたい、という余韻を残す見事な間合いだった。

村の関係者に手紙ではなく電話を入れたのは、一刻も早く村のことを知りたいと急く気持ちに加えて、村紹介のホームページの記載に惹かれたからだった。〈お問い合わせ先〉のページを開くと、村周辺の地図とアクセス方法が記されている。

〈チーザ方面への高速道路A15号線をポントレモリで下り、十二キロメートルほど標べに沿って進む〉

書いてあるのはそれだけ。〈○○の交差点を右折して〉とか〈××方面へ向かう〉など、一切ない。

十二キロメートル走れ。

つまり、高速道路から下りたらあとは村まで一本道ということらしい。

さらに、緯度経度標高以外に位置の目安になるようなもの、たとえば村役場などの住所は記載されていないか探すと、二つ住所が書いてある。名目は、〈登記本拠地〉と〈運営事務所所在地〉。ひとつは〈モンテレッジォ〉の住所であり、もうひとつは〈ラ・スペツィア〉の住所だ。山と海。有志代表者ジャコモの〈生まれ故郷〉と〈現在の居住地〉ということか？

住所の下には、〈@〉と〈☎〉。持ち主名と携帯電話番号が、二つ記載されている。番号の主は、〈ジャコモ〉と〈マッシミリアーノ〉とある。通常こういう欄の連絡先名称には〈総合窓口〉や〈事務局〉と表記し、連絡先番号にも固定電話番号を載せるものではないか。衆人が目にするインターネットの〈お問い合わせ先〉に、ファーストネームと個人の携帯番号を載せるなんて無防備に過ぎないか。悪意の電話や、時間を構わない問い合わせがあったらどうする。無頓着（むとんちゃく）なのか、無垢（むく）なのか。あるいは、いたずら電話も含めて、接してくる相手は漏れなく拾おうとする熱心さなのか。

　あれこれ想像を巡らせているうちに、二つの番号から〈電話をください〉と誘われているようで、気が付いたら電話をかけていた、という次第である。


　電話で約束した時間通り、マッシミリアーノはやってきた。広場の隅に停車して降りてきた彼は、全身に上機嫌が満ちている。四十代前半、というところか。黒々と大きな目は、遠くからでもクリクリとよく動くのがわかる。長身で大きな歩幅でずんずんと近寄ってきて、

「お目にかかれて、とてもうれしいです！」

　元気よく手を差し出して握手し、それでも足りないように両手で包み込んで握り直しながら、首を少し傾げるように私の目を覗き込んで笑った。気さくな様子は第一印象の通りだ。

　助手席から続いて降りてきたのは、三十歳前後の女性である。吊り目形のミラーサングラスを持ち上げて、

「おはようございます。私も村に用事があるので、便乗させていただきました！」

ハキハキと挨拶した。今日の小さな旅に道連れがあることは、すでにマッシミリアーノから知らされていた。その女性フェデリカは、スキニージーンズにウエスト丈の深緑色の薄手のダウンジャケットを合わせ、ストレートの金髪を肩に流している。斬新なデザインのスポーツシューズに、引き締まった足首がいっそう映える。

私は、後部席に乗り込んだ。横には、ポスターやら紙包み、スーパーマーケットのビニール袋、厚めのジャケットにマフラーなどが雑然と積んである。袋に入っているのは、犬用の骨や缶入りの餌だ。

散らかしていてすみません、と詫びるマッシミリアーノに続いて、フェデリカが身を捻って後ろを向き、

「モンテレッジォを帰結点として、近くの山道を走るマラソン大会を開催することになりまして。かつての獣道もありますし。それならば飼い犬連れで走るのもまた一興では、という話になったのです……」

丸めてあったポスターを広げて見せた。

〈聖なる道を六本脚で走ろう〉

大きく掲げられた大会名の下に、ランナーが愛犬を連れて走る写真とコース地図が載っている。その下には、

〈走り終えた後、犬には骨を、飼い主には郷土料理のご用意があります〉

ヴェネツィアから古本。本から、トスカーナの山にリグリアの海。そして次は犬、か……。

「わかりにくいですよね。フェデリカは、ペット用品メーカーで広報の仕事をしています。大のランニング好きで、僕たちは近所の公園のジョギング仲間なんです」

マッシミリアーノが愉快そうに説明を加える。

彼は、都会の毎日に息が詰まると走る。機会があれば、マラソン大会にも出るほどの健脚だ。一年を通してミラノでは、アマチュアからプロまでを対象にさまざまなマラソン大会が開催される。どの大会でも必ず目にする姉妹ランナーがいた。姉妹は、いつも揃いのウエアで先頭集団を走るので目立つ。種々の大会や毎日のジョギングで顔を合わせるうちに、姉妹と話をするようになった。フェデリカは姉のほうである。

マッシミリアーノが長距離を走るようになったのは、幼い頃から休みごとに過ごしたモンテレッジォで周辺をコースとする定例のマラソン大会があり、それに参加したのがきっかけだった。海沿いから山間を回る険しいコースである。ただ走るのが好きだから参加する、というわけではない。走りながら、故郷を存分に味わうためなのだ。春が来ると、山間の道は新緑の影に覆われる。呼吸を管理し、ひと足ごとに坂を上っていく。澄んだ空気で肺が洗われる。聞こえるのは、自分の息と足音だけ。次第に陶然としてくる。地面を蹴り返すと、足元から山の力が身体の中に入ってくるようだ。走っているうちに、山と一体になる。

厳しいコースは、上級走者にとって脚の揮(ふる)いどころである。連綿と続く胸突き八丁のコースに挑もうと、平地を走り馴らした強者(つわもの)たちが各地から参加するようになった。

「ラ・スペツィア港から駆け上ってくるわけですよ、モンテレッジォに向かって。一度この道を走ると、二度と忘れられません。胸一杯の清い空気と目一杯の緑の光景。完走すると、まるで自分が古代ローマ時代の伝令になったようで感激します」

〈走ることが好きな人たちが、遠方からも集まってくる。モンテレッジォをより広く知ってもらう好機ではないか？〉

ある朝、ジョギングしながらフェデリカに山道を走る楽しさを話しているうちに、マッシミリアーノはふと、犬連れで参加できる大会を思い付く。

フェデリカは、瞬発力のある女性である。

「きっと面白い宣伝になるわ。上司に相談して、協賛してもらいましょう」

話はトントン拍子に進み、六本脚のマラソン大会がモンテレッジォで開催されることになった。協賛金や参加費は、モンテレッジォのために使われる。高齢化する住民。増える空き家。過疎化どころか、廃村も目前だ。なんとかして村を守らなければ。

さて、車はミラノを出てエミリア地方を走り抜けていく。北イタリアの大規模農業地帯だ。春を間近に控えた大地が、見渡す限り黒々と広がっている。

「僕は、この少し先にあるピアチェンツァという町で生まれて育ちました。親族が、そこで書店と出版社を生業としていたからです」

遠くの記憶を引き寄せるように、マッシミリアーノが少しずつ話す。

彼の親も、叔父叔母も、いとこも姪甥もモンテレッジォで生まれて育ち、村から他所へ働きに出た。春が来るとイタリア国内外を引き売りして回り、村へ戻っては冬越えをした。毎年それを繰り返した。代々モンテレッジォの祖先たちがしてきたように。

「行き先やそのうち定住することになる場所が異なっても、先祖代々村人たちが変わることなく売り続けたのは、本でした」

広大な平野を突っ切る高速道路を飛ばしながら、

「本を担いで、ここを歩いて旅したのですからねえ……」

地平線まで続くこの一帯の耕地には、春から秋にかけてトマトをはじめ、麦やトウモロコシ、ジャガイモなどの多種類の野菜が輪作され、ブドウやイチジクなど果物も豊富に栽培される。イタリア最長のポー川流域で、肥沃な土地である。ずっと北イタリアの胃袋を支えてきた。今でこそ大型の散水設備や耕運機を導入した最新式の大農法へと改革されているが、一八〇六年にナポレオン一世が封建制度を廃止するまでは、領主に雇われた農民たちが身を粉にして働いていた。この広大な土地を手で耕し、河川から延々と水を引き、種を蒔き、水と肥料をやり、天災や害虫から守り、収穫するのはどれほどの苦労だっただろう。

「それでも耕すところがあるのは、まだ恵まれているほうでした」

耕地を持たない山の者たちの生活は、農村地帯の天候に翻弄された。日照りや洪水が続くと、出稼ぎ先が無くなった。

〈他力を当てにせず、自力で生きる道を見つけなければ〉

こうしてモンテレッジォの先人たちは他村への出稼ぎ肉体労働から次第に離れ、物売りへと稼業を変えていったのである。

もう二時間近く平野を走っただろうか。次第に両側から山が迫り寄ってきた。遠方に見えていた丘陵が近付いてきて、後ろからも横からも低くなだらかな山々が現れ取り囲み、尾根が何重にも連なる。無数の屏風が隙間なく立ち並ぶようだ。春を待つ低い空が、薄青色に広がっている。山腹は灰色で、荒起こしが済んだ耕地を縁取っている。

ジェノヴァ方面へ向かう車の流れと分かれ高速道路を下りると、フロントガラスを県道の両側から伸びる木々が埋める。道にはまんべんなく陽が当たり、前方も後方も見通しが良い。それでいっそう侘しい。すれ違う車は一台もない。家もない。店もない。音もない。そういう景色が、陽の下にさらされている。地方の道沿いにはショッピングセンターや地域の特産品の広告、宿泊施設などの案内板が林立しているものだ。あるいは、長距離トラック運転手が寄る気さくな雰囲気の食堂が路面にあったりする。ところがここには何もない。

その道を数十メートルほど走ったところに、車が停まっていた。

中から転げるように出てきたのは、中年の男性である。ヒョロリと背が高く、白髪混じりの髪は理髪したてだとすぐにわかる。メガネの奥の戸惑ったようなはにかむような目と合う。

ジャコモさんですね？

途端に、彼は相好を崩した。

「ああ、本当にいらしてくださったのですね。どうもありがとうございます。ようこそモンテレッジォへ！」

横の妻を紹介する口が、もどかしげにもつれる。

「まずは村まで行きましょう。それからゆっくりご説明します」

車を寄せていた道端に、鮮やかな青色の地に白抜きで〈MONTEREGGIO〉と記された道路標識が立っているのが見えた。たいてい車がぶつかり曲がっていたり、錆びたり

剝げたりしているものだが、その標識は真新しい。無傷で堂々と立っている。これが過疎化の進む村への標識とは……。

　意外な思いで見入っている私に、

「僕たちのお金で立てたのです。役所を待っていたら、埒が明きませんから」

　誇らしげにジャコモが言った。その笑顔の背後に、別の看板に貼られた顔写真がちらりと見えた。

　あれ、ヘミングウェイ？

「ええ。第一回の〈露天商賞（Premio Bancarella）〉の受賞作の作家ですからね」

　至極当然、と返すジャコモ。

　裸の枝と田舎の一本道、山峰にな

ぜヘミングウェイが……。

この〈露天商賞〉とは、イタリアの最も由緒ある文学賞のひとつである。なぜ〈露天商〉という名前なのか、これまで考えてみたこともなかった。本を置く書店の平台のことを、露店の商いの台に擬えてそう呼んだのだろう、というぐらいに思っていた。毎年よく売れた本に対して与えられる賞のはず。本選びの指標となる重要な賞だ。

その賞のことがなぜ、この山奥の一本道に看板になってポツンと立っているのか。

「〈露天商賞〉の発祥地が、ここなもので」

ジャコモは飄々と続ける。

「全国の本屋がそれぞれ一推しの本を挙げ、最終候補六作品から受賞作一作品が選ばれる。それが、〈露天商賞〉です」

いつだったか、テレビニュースで授賞式の様子を見たのを思い出す。どこか地方での開催だったような。それが、ここだったのか。

「ここは、本とその露天商人の故郷ですので」

二台連なって坂道を上っていく。今聞いた文学賞の話が、耳の奥で響いている。それほどの行事が開かれる場所だというのに、呆れるほど何もないところだ。おまけに道はところどころ舗装が割れ、整備されないまま下の地が剝き出しになっている。どちらを向いても高低とりまぜた山々だが、中腹からえぐり取ったように崩れている山もある。より標高の高い深い山奥から川が流れ下りてきているが、岸辺や川中にいきなり大きな岩が転がっている。落石だろうか。少し行った川の両岸には、高層ビルの基礎工事に使うような無骨な鉄柱が二本渡してあり、その間に枕木のように油で腐食止めされた材木が並べ置いてある。建材はコンクリートで覆われず、錆び付いた厳つい姿を晒している。見るからに堅牢ではあるけれど、急拵えで造った仮の橋に見える。荒廃したまま時間が止まったような光景の中を、車はジャリジャリと音と土埃を立てながら行く。

「二〇一一年の豪雨で、この辺りは道も橋もすべて流されました。過疎の村は、復興工事も後回しにされる。このままでは故郷が消えてしまう、と、各地に暮らすモンテレッジォ村民の子孫たちが力を合わせて分断された道を繋ぎ、橋を架け直したのです」

さきほど見た村の道路標識が真新しかったのは、そういう事情があったからなのか。

「道路の修復が済むまでは海側からは入れず、奥の山の尾根伝いの道から遠回りして村へ入っていました。そこからだと車が通れるのです。中世から残る道で、古の領主が〈聖なる道〉として導の塚を配した祈りの路程でしたので、信心深い人たちは『御加護だ！』と、ありがたがっていましたね」

損壊した道が復旧したのは、つい二〇一六年に入ってのことだという。

「あなたはまるで道筋が付くのを待って、村にいらしたようですよ」

これまでの、ヴェネツィアからモンテレッジォへと繋がる不思議な引力を思い起こす。

マッシミリアーノが車の窓ごしに、今来た道の裾を見下ろす位置から斜向かいの山を指す。木々の間から、斜面に張り付くようにして建つ石造りの集落が見える。

「あそこが、ムラッツォ。モンテレッジォの山裾にある、一番近い村です」

集落の建築様式からすると、村の起こりは遡ること、やはり中世ぐらいだろうか。古そうですね、という他に適当な相槌を思い付かないで黙っていると、

「ダンテが立ち寄った村でしてね」

車はムラッツォ村を眼下に残し、舗装されたばかりの坂道を上り続けていく。

視界には山と九十九折りの道があるばかりのようで、ヘミングウェイも佇んでいればダンテも遠くから見ている。日灼けした額に深い皺を刻み、出稼ぎに行く村人たちが黙々と山越えをしていくのも見える。その間を無数の本が飛んでいる。

いったいここはどこなのだ。

折れて、曲がって。奥へ、上へ。

車から降りて、ふらついた。山頂と思ったそこは、モンテレッジォの入り口だった。古い教会と塔が静かに建っている。冬の陽が降り注ぐ。そして三百六十度、山。

どうです、と、ジャコモとマッシミリアーノは、腕を組んで満面の笑みである。

風が緩やかに山の下方から吹き上り（のぼり）、抜けていく。車を停めたのは村の広場だった。さほど大きくはない四角い広場には、椅子が太陽に向かって四、五脚ほど無造作に置いてある。

座ると、大きな白い大理石の石碑と正面から向き合った。

彫られているのは、籠を肩に担いだ男である。籠には、外にあふれ落ちんばかりの本が積み入れてある。男は強い眼差し（まなざし）で前を向き、一冊の本を開き持っている。ズボンの裾をひざまでたくし上げて、剝き出しになったふくらはぎには隆々と筋肉が盛り上がり、踏み出す一歩は重く力強い。頭上にはツバメが二羽、男に添うように飛んでいる。

〈この山に生まれ育ち、その意気を運び伝えた、倹（つま）しくも雄々（おお）しかった本の行商人たちに捧ぐ〉

碑文に、言葉を失う。

石碑の後ろで、教会と塔が見ている。

4　石の声

　二月の山奥に行くので、身構えてたっぷりと着込んできた。

「ツイてるなあ！」

　マッシミリアーノはセーター姿のまま車から降り、晴天の空を見上げて気持ち良さそうに伸びをしている。県道で合流したジャコモ夫婦も軽装で、周囲の山々を見渡しながら深呼吸している。モンテレッジォ村に入ったすぐのところにある広場には、私たちの他には誰もいない。のどかに陽が差し込んでいる。私も皆につられて、マフラーを取った。全方位は山なのに、思いのほか暖かい。五十キロメートル離れているとはいえ、南に地中海を抱えているおかげだろう。

山裾から上ってきた道はそのまま村の中を通り抜け、先の山々へと続いているらしい。とはいえ、一台の車の往来もない。車輪の幅に合わせて平らな石が嵌め込まれてあり、その周りには不揃いの大きさの石が敷き詰められている。建物と比べると路面の石材はずいぶん白っぽく、整備されて間がないのだろう。敷石で作られた轍は、低層の建物の間に敷いた絨毯のように見える。〈どうぞ奥へ〉と、村を訪れた人を歓待している。

道に招かれるまま、村に入る。

入り口にある鐘塔や教会は、石を積み重ねて建てられている。長年の風雨を経て、過ぎた時が浸み入り灰色を帯びている。壁は大理石や砥の粉などで表面を覆われることなく、積み石がそのまま剝き出しになっている。装飾もない。掘り出してきた石が大きさや形でおおよそ仕分けられ、乱積みされている。石のもともとの凹凸の形状がうまく組み合わさるように積んである。その隙間には接合やずれ止めのために、小石や土が詰め込まれている。セメントの原型となった、古代ローマからの接着建材かもしれない。指でそっと古代に触れてみる。

石造建築に使われる石の種類や組積の工法は、時代や地域によって少しずつ異なる。じっくり見れば、いつ頃の建立だったかおおよそを推測することは可能だ。

石壁は、どれも分厚く堅牢だ。囲い込んで空間を生み出すための壁というより、石壁自体が独立した建造物として意味を成すような構えをしている。何かを記念したり、その地点に目印を付けるためのような。あるいは威嚇し、阻むような。

そもそも石造建築の歴史は、古代エジプト時代にまで遡る。雨が少なく寒暖の差のない気候が石造に適していて、工法が発達した。その後、古代ギリシャへ伝わり、屋外劇場や巨大な神殿建築をはじめ広場や道も石で造られ、古代ローマ時代になると、構造部分にだけではなく装飾にも石材が多用されるようになっていった。文字通り、石はヨーロッパの礎を築き、主柱を建て、国家の顔を造り上げてきたのである。

ジャコモとマッシミリアーノは、まず教会へ案内してくれる。

「古文書によると、十三世紀にはもうモンテレッジォに集落が存在していたようです。おそらくこの教会もほぼ同時期のものでしょう」

広場から数メートル低い位置に、教会の正面口がある。足元には、掌に載るほどの大きさの天然石が打ちまけたように無造作に敷かれ、隙間をコケが覆っている。ジャコモが神妙な顔付きで木製の扉を押すと、途端に背後から二月の風が私たちを追い越すようにすり抜け、中へと流れ込んでいった。

風に導かれるようにして入った中は、思いのほか明るかった。それまで閉め切ってあったというのに、少しもじめついていない。硬い匂い。石が発しているのだろうか。頭上には、組積された石を表面に浮かせて、アーチ型の天井が曲線を重ねている。石肌はざらりと乾き素っ気ない。彫像や浮き彫り、金や青、赤をふんだんに使った宗教画や調度品は見当たらない。祈禱台すらない。折り畳み式の木製の長椅子が、いくつか並べてあるだけだ。枯れた気配。世俗的なものをすべて削ぎ落とした修行僧のようだ。

「飾り立てなくても、信仰心に揺るぎはありませんから」

前方に向かって、ジャコモが軽く頭を垂れている。マッシミリアーノも腕組みをしたまま、黙って中央に立っている。東西の分厚い壁に開いた窓から陽が差し込み、石の床に光の筋が細長く伸びている。

外が見られない窓だ。教会は石の屋内に信者たちを呼び集め、あるいは匿い、祈りを教えてきた。景色も音もない中にいるうちに、少しずつ時間と空間の感覚がずれていく。雑念が払われ、入れ替わるように自らの息遣いと鼓動が聞こえ始める。対面するのは神ではなく、自分自身なのかもしれない。

いよいよこれから村へ入る前に、石に囲まれて瞑想する。手水で清めるような心持ちになる。

「ひとつずつ拾い上げては背負い、ここまで運んできたのですよね……」

壁の粗石に触れて、ジャコモは独り言のように呟く。石は、近くの渓谷を流れるマンジョーラ川で採ったものだという。来る途中、谷底に蛇行するその川を見た。水はほとんどなく、乾いた広い河原が続いていた。マンジョーラ川は、大理石の採石地であるカ

ルラーラ近くの山に源を発している。長い歳月のもと山々の岩は砕けて石となり、川に転げ落ちて運ばれ村の裾まで流れ着く。遠くの山から来た石を自分たちが住む山の上まで大切に持ち帰り、暮らしの要となる教会や家屋を造ったのである。近場の川で拾う石の他には適当な建築材料を手に入れられなかったのだろう。あるいは、遠隔地から運んでくる手間暇をかけてはいられない事情があったのかもしれない。古から山とともに生きてきた人々の厳しい暮らしを思う。

「石は、山の声です」

敬意と親しみを込めて、ジャコモが教会を見上げている。

心が洗われ新しい力がみなぎるように感じたのは、石に浸み込む声を聞いたからか。それは山と川だけではなく、石を運んできた村人の声でもあるだろう。

表へ出て、改めて石碑を見る。碑の中の行商人は、肩に担いだ籠に本を満載している。一歩一歩踏みしめる足取りは、荷の重さを表している。さらに先人は同じ籠に石を詰めて山を登り、ここにモンテレッジォを築いた。村人が担いできた荷には、暮らしがかかっていたのだ。

〈倹しくも雄々しかった本の行商人たちに〉

灰色の川石を積んでできた村を背景に、白い大理石の石碑が眩しい。質素な教会の石床に光の筋が差し込むように。

「お見せしたいものがあります」

ジャコモは、広場に面している建物の正面口に入っていく。裏へ抜けると傷んだ鉄柵があり、その先は垂直に近い斜面である。原生だろうか。ずっと下方まで、木々が茫々と群生している。その上に突き出すテラスで大柄な老人が出迎えてくれた。大股で近付いて、正面に立った。何も言わずに、ようこそ、というようにぐっと手を差し出した。握り返そうとしたが、私の手では指が届かない。岩のようだ。赤黒い日灼けが肌の奥まで浸み込んでいる。長らく屋外で働いてきたのだろう。眉下の深い皺の間に、薄青色の瞳が笑っている。

「グリエルモです。数少ない、定住者の一人です」

　黙ったままの老人に代わってジャコモが紹介したが、本人はむっつりとしたまま家の中へ入っていってしまう。テラス続きの屋内に、私もグリエルモの後に付いて入った。

　そこは居間ではなかった。

　壁一面に、思い付く限りの工具が掛かっている。その下には、きれいに片付いた台が並ぶ。棚には、各種スプレーや塗料、刷毛（はけ）、工具箱、きちんと巻いた鉄線、電気の延長コード、ガムテープ、空き缶、空き瓶、数十の小箱に仕分けされた釘、フック……。そして、籠。

　籠に釘付けになっている私に、

「それに入れて、今朝、隣村から買ってきた。昼に食います」

　老人は、蛇口の下で水切りしてあるアーティチョークを棘（とげ）ごとグイとつかんで、私に見せた。

　グリエルモの住む家は、中世に村を統治した貴族領主の城だった建物の一角にある。テラスからの眺めは、広場に面した村の内側からは思いもよらない、村が外界と一線を引く険しい景色である。城に連結して、円柱を縦二つに割った高い石塔がそびえ建っている。

「村を囲むようにして、この城に連なり七つの塔がありました。見張り塔でした。モンテレッジォは、海と山、山から山を結ぶ古からの要道が交差する地点にありましたから」

ジャコモが、テラスから見える遠方の山々を指して古い道を教えてくれる。

「フランチージェナ街道*があの山で、ヴァーラ渓谷とマグラ渓谷の道はあちらのほうです」

「今度僕たちが犬連れで走るコースも、古の道の一部でね！」

マッシミリアーノは上り坂を懸命に走るふりをしてみせ、笑っている。

フランチージェナ街道が、この近くの山を通っていたのか……。

中世に遡ると、ローマとサンティアゴ・デ・コンポステーラ、エルサレムは、キリスト教の三大巡礼地だった。その中で、カンタベリーからローマへと巡礼者が旅するさまざまな道を総じて、〈フランク王国に発する道〉（フランチージェナ）と呼ぶようになった。ローマを参拝し終えた巡礼者の中には、引き続きエルサレムを目指して南下していく者も多かったという。

中世にヨーロッパの気候は、かなり温暖化している。結果、農業生産高は上がり、生きやすくなったのだろう。各地で人口は急増した。大規模な教会や広場が次々と建設さ

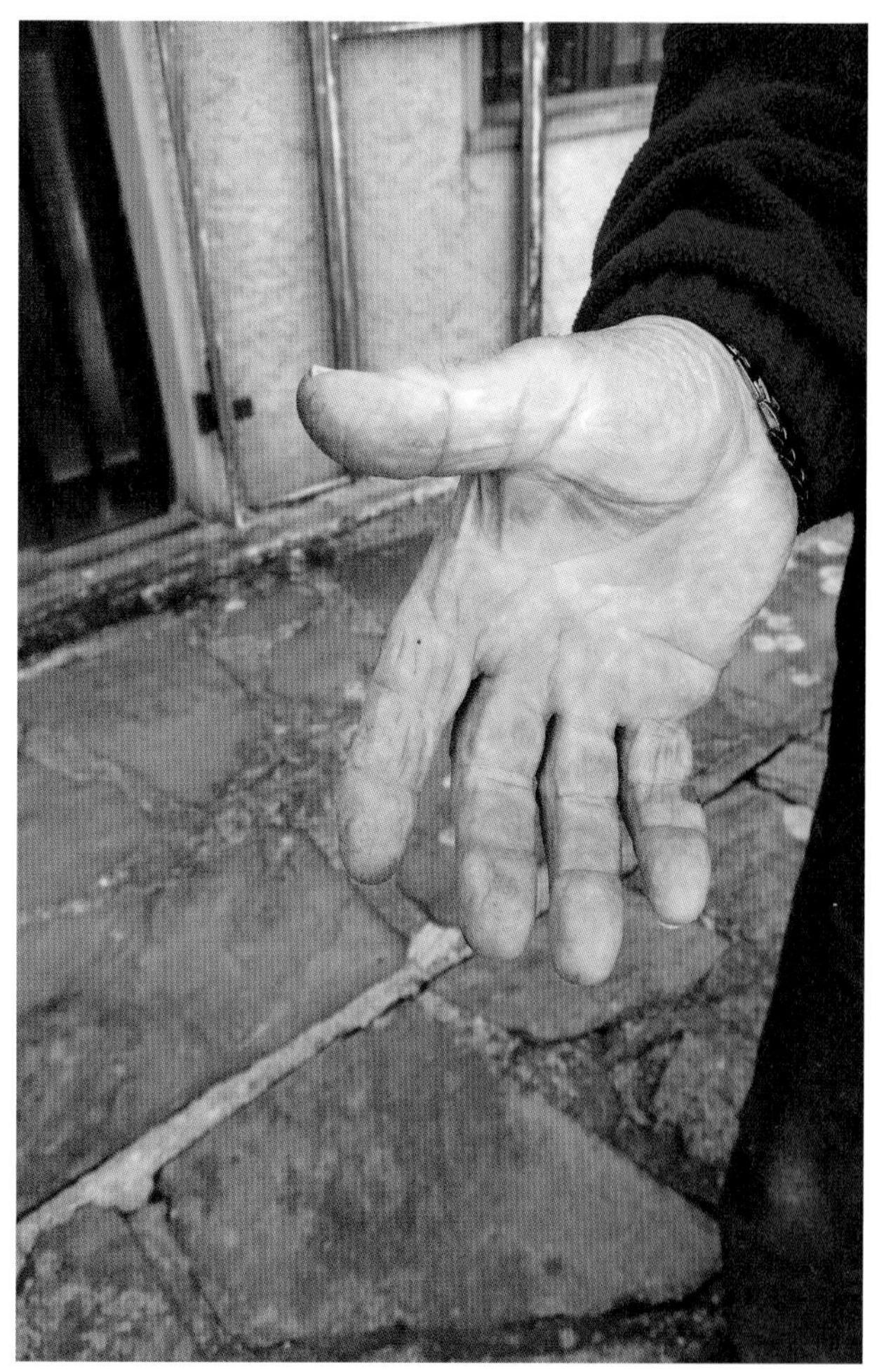

れ、それでも足りず、さらに未開の地に向かって人々が移住して、開墾したり旧市街が拡大されたりした。暮らし向きが良くなったのは神の加護、と人々は喜び、大挙して巡礼へと繰り出した。フランチージェナ街道はまた、ヨーロッパの北と南を最短に結ぶ道程でもあった。信仰の道は欧州全域に及んで人の流れを作り、人の流れは各地に新しい商いを生んだ。各地に光と潤いを運んだ道だったわけである。

「でも実は、紀元前二〇〇〇年まで遡ってこの道は存在していたようです」

ジャコモが、待ってました、とばかりに言う。村にまつわることすべてをコツコツと調べてきているジャコモが言うのだ。たとえ確かな裏付けなどなくても、彼の過去への敬意とロマンがあるではないか。ジャコモは車を降りたときから、資料らしい分厚い紙束を脇に大事そうに抱えて歩いている。そこから手際よく地図を引き抜くと、低い石垣の上に広げて海や山を示しながら説明してくれる。

「太古に内陸を牛耳っていたのは、リグリア族でした。強力な兵力を誇り、イタリア半島の北から中央、イベリア半島、シチリア島やサルデーニャ島、コルシカ島まで掌中に収めていたらしいです。後世になってローマ皇帝たちが各地に軍事拠点を築いていったとき、リグリア族が先鞭を付けた道筋を原版にしていたのではないでしょうか」

腕力と気力満々のリグリア兵士たちが、山の尾根を、深い谷を、川を踏破していく様子が目に浮かぶ。樹海がなんだ。岩壁がどうした。

グリエルモに挨拶し別れがてら、彼の住む建物を仰ぎ見る。

〈城〉と呼ばれているけれど、どこから見ても要塞だ。モンテレッジォに拠点を置いた為政者は、どの時代にもこの高所から領地を見張ったのだろう。教会も併設されている塔も、警戒塔としても流用されたのではないか。重厚な石壁に開いた細い線のような窓は、もともと景色を眺めるために開けられたのではなかったのだ。籠る。警戒する。守る。阻む。襲う。

石で固められた足下を踏みしだいていった、さまざまな時代の男たちに思いを馳せる。絶壁の極にグリエルモが、身じろぎせずに仁王立ちでこちらを凝視している。老夫と教会と城と塔が、一体になって見える。


マッシミリアーノは、生真面目で静かなジャコモとは対照的だ。毎日のように二人は村のことで連絡を取り合っているらしいが、それでもまだ足りないようで、肩を並べて歩きながら熱心に話し込んでいる。ときどき喋るのを中断したかと思うと、マッシミリアーノは少し遅れて歩いている私のところまで小走りで引き返してきては、

「あの雨戸の閉まっている二階は、叔父が生まれた家なんです」

とか、

「修理もせずに放りっぱなしの家は、見るのが辛いよなあ」

とか、

「アレッシア、元気？　秋から高校に進学だったね？」

家の戸口に座って喋っている子供たちに声をかけたり、と忙しい。こちらに走り寄ってきては、また先を行くジャコモの横へ駆け戻っていく。身軽な往復を見ているだけで、明るい気分になる。

要所要所でジャコモは立ち止まって、私が追い付くのを待っている。建物や階段、石塀を指差しては、いつ修復が終わって家主は誰なのかなど教えてくれる。村を案内するたびに、同じことを何度も繰り返し話したり答えたりしてきたのだろう。年代や人名が淀みなく出てくる。途中で制しないと、敷石の一つ一つに至るまで説明が及びそうだ。

一本道は緩やかに曲がったり切れて幅が狭くなったりしながら、さらに奥へと続いている。誰にも会わない。山向こうで鳴いている鳥の声が、こちらの石畳と壁に響いて跳ねる。

ごく小さな広場に出た。中央に、石造の水飲み場を兼ねた洗い場がある。石の切り口や蛇口が真新しい。マッシミリアーノが、小走りに洗い場の反対側へ回ってうれしそうに手招きする。真裏には、路面に直置きした洗い場と蛇口があった。

「こっちは、動物用です！　犬や猫でしょう、それから鶏に羊、ヤギやロバも……」

小さな広場で、人間と動物が向かい合わせで水を飲む。

「これは、村に初めてできた共同水飲み場なんです。一九〇三年建造。それまでずっと、山で湧き水を汲んでいました」

ごくごく水を飲んでいるマッシミリアーノを笑いながら、ジャコモが続ける。

山に生かされ、山を守ってきた。自然を前に、人間も動物もない。命は同等で、生きる場所に境はない。運命共同体なのだ。

私も蛇口を捻って、口を寄せてみる。ほとばしる水音の合間に、山向こうの鳥の鳴き声が聞こえる。

奥の石壁に、大きな掲示物が貼ってあるのが目に入った。多くの写真をコラージュのように寄せてある。家族の写真をコルクボードにピンで留めている家をよく見かけるが、それと同じで、村人の思い出の写真が集めてあるように見える。

「祖先たちです。村から山を越え、各地で本を売って歩いた人たちです」

一枚ずつ順々に見て回る。写真は特殊なビニールシートに転写してあり、ところどころ鮮明でない。夫と並んでベンチに腰掛ける女性。足首まである黒いワンピースを着ている。大勢の幼子たちが整列している。写真に交じって古い貸借証書らしきものもある。〈領収書〉と書かれた紙片や納品書も。何ヵ所かが黒塗りになっている手紙は、折り皺が付いている。手書きの文字が掠(かす)れたり、インクが褪(あ)せたりしている。長い髪を美しく結い上げ、しっかりした眼差しの女性。写真の中の人々は直立不動の姿勢を取りながらも、ちょっと得意げだ。口ひげの下が、ふと緩んでいる。きっと写真に撮られるのがうれしかったのだろう。生真面目な表情に、思わず笑ってしまう。散失した時を集めた、村の肖像だ。

セピア色の風景の中に、ヴェネツィアを見つけた。路地や壁は、見慣れたあの古書店の前の通りである。〈やっと来ましたね〉。老いた三代目の声が耳元に聞こえてくるようだ。

「中には孫、曽孫がまだ残っている家もあります」

コラージュの中には、カラー写真もある。本棚を背にして、大笑する男女三人はよく似ている。

この人たちも？

「村を出たあと、行方のわからない人たちもいます。世代も替わってしまいました。でも何家族かは、居所がわかります。つい最近まで本を売っていた人たちもいますよ。その家族のように」

コラージュの中の人を一人ずつ、ジャコモとマッシミリアーノが名前を挙げて紹介してくれる。フルネームで言われても、私にとっては全員が見知らぬ過去の人だ。空(から)返事の私に構わず、ジャコモはどんどん氏名を並べていく。同じ名前が続くので、先に進まないのかと思って耳をそばだてると、村には数個の名字しかないらしい。イタリアでは、祖父母の名前を孫たちに付けることが多い。それで、同じ家族の中に同姓同名が繰り返し何人も出てくることになるらしい。顔も名前も似た人たちが、各時代からこちらを見ている。

コラージュは、石壁に開いた窓のようだ。覗くと、過去が見える窓。

突然、水飲み場の近くで人声がした。

「おう、いいだろう。このあたりに下ろすか」

ガランゴロン。鈍い物音がした。早速ジャコモたちは音のした方に向かって、

「今帰ったのか？　もうすぐ昼だからな！」

うれしそうな声を上げている。

屈強な男性が二人、木屑（きくず）と泥まみれのトレーナー姿で、三輪車の荷台から材木を路上に空けている最中だった。もう若くはないけれど、老年でもない。ジャコモとマッシミリアーノは荷下ろししたばかりの材木を前にして近況を聞き、冗談を交わしている。

「昼ご飯は、どこにお連れするの？」と、その二人はメニューまで気にかけ、なんならうちで食べて行かないか、と、すぐ前の家の玄関扉を開けたりした。声が割れて大きく、

山彦が返ってくるようだ。

赤茶色の材木はせいぜい一メートルくらいの長さしかなく、太さも長さも不揃いで、表皮がめくれたり割れたりしている。家具や調度品を作るような材質ではないのだろう。木っ端や払った枝も多く混じっている。

「栗ですよ」

ジャコモが言うと、伐採してきた木をテキパキと分別していた屈強の一人が、

「全部ね、ここは栗ですから」

両手を広げてその場でぐるりと一回転しながら、山々を指した。

見えている山に生えているのはすべて、野生の栗の木だけだという。二人は山へ入り、古い枝を払い、下木を除き、枯れ木を伐採してきたのである。村へ持ち帰って共同の薪置き場に保管し、皆で冬を越す。

「栗にはずいぶん世話になってるからね」

村ができる前から、栗は山にあった。生えては実をなし、枯れては土に戻る。山々は、栗が繰り返してきた生死の層に覆われている。

獣道。兵士の歩み。敷石。石造教会。見張り塔。そして、グリエルモ。それらを覆う栗の木。

栗の実は、イガで覆われているのだったな……。

「そろそろ昼飯にしませんか」

ジャコモが言い終わらないうちに、もうマッシミリアーノは食堂に電話をかけている。

＊　イギリスのカンタベリーからフランク王国、スイスを経由し、イタリアのローマまでを結ぶ、一千六百キロメートルに及ぶ道程。本来は七十九の要所を通った。一日一区間、七十九日で踏破した。一日約二十キロメートルの行程だった。

5 貧しさのおかげ

広場に並べた樹脂製の椅子に座り、正面から全身に太陽を浴びている。二月の山頂の空気は凛として、火照った顔に気持ちがいい。広場に立つ石碑の中の本を担いだ行商人から、〈ゆっくりしていってください〉と声をかけられるようだ。

「これでひと休みなさって」

そう思っていたところに突然、声がしたので飛び上がった。いつの間にかすぐ横に、がっしりとした長身の男性が丸盆を持って立っている。人数分のグラスに白ワインが注がれている。無数の小さな気泡が揺れ、グラスが白く曇っている。厚地の綿のエプロンをかけた少々年のいった男性は、順々にグラスを手渡していく。慣れた給仕は優雅で、石だらけの山村に映画のシーンのように浮かび上がって見える。黒いエプロンはクリーニング店から届いたばかりのように清潔で、紐までプレスがピシリとかかっている。胸元に白抜きで、店名と石碑の行商人の絵がプリントされている。薄い水色のペンシルストライプのシャツの袖口を等幅に折り上げ、老眼鏡を鼻先にずらして手先に気を配りながら、丁寧にグラスを配っている。ジャコモたちは余った椅子を引き寄せて小卓の代わりにし、ざっくばらんに飲んだり立ったり喋ったりする。広場ながら、家の居間でくつろぐようだ。

「二種類ほど焼いてみました」

黒エプロンの店主は、バールと広場を往来しながらオーブン皿ごと運んでくる。

「これは、ティツィアーノの十八番です」

ジャコモは、まるで自分で焼いたかのように得意満面で勧める。薄焼きのピッツァの生地の上にトマトソースが伸ばしてあり、ところどころにチーズがトロリと広がっている。トマトソースもチーズも伸ばし方は均等ではなく、地図のようだ。オリーブの実が、こちらにコロリあちらにポロリ。

「もしチーズがお嫌でしたら、このあたりには載っていませんから。トマト味に飽きていらしたら、ここは素焼きにしてあります……」

店主ティツィアーノは、ひと口大に切り分けたピッツァを載せてオーブン皿ごと持って回っている。だからトマトソースもチーズもまだらに置いてあったのか。さぞ熱々だろう、と指を泳がしていると、さっと爪楊枝入れが差し出される。

手切りの生ハムに、分厚いフォカッチャも出てくる。晴天の広場に香ばしい匂いが漂う。ティツィアーノの流れるようなしぐさと、私たちの席に加わってだべったりしない一線を画した振る舞いのおかげで、一流のレストランに着席して前菜を食べ始める気分だ。

キュンとした酸味は、噛み締めるうちにまろやかな味わいとなって広がる。飲み込むのが惜しい。きっと地産のトマトでティツィアーノが作ったのだろう。ジャコモの妻と顔を見合わせて、〈おいしいわよね！〉と、目を細める。

手切りの生ハムは薄くもなく、分厚くもなく。後に引く甘塩の塩梅が、ふかふかのフォカッチャのひと噛みの分量にぴったりだ。切り分け方が絶妙なのだろう。

ティツィアーノはバールの入り口に立ち、私たちの飲み食いの様子を見ている。しばらくしてジャコモがついと首を伸ばして彼を見やると、さっと店内に入っていった。注文も勘定もそれで終い、という合図らしかった。

「そろそろ行きましょうか」

促されて、二台の車に分乗する。もう一杯くらい、と冷えたワインが名残惜しい。摘んだひと口の酸味と塩気に誘い出されて、程よく食欲が湧いている。過不足のない食前のもてなしは、正餐に劣らない充足感があるのだと知る。

車は村の縁を縫いながら、さらに向こうの山に向かって上っていく。最初のカーブに差しかかるとマッシミリアーノは窓を開けて、

「森の匂いがするでしょう⁉」

肩を上下させて深呼吸している。

運転しながら、フェデリカと道の状態を細かく検分している。今行く山道が、犬たちとのランニング大会のコースでもあるらしい。舗装状態や傾斜角度を見ながら、

「ここを一気に駆け上っておくと、後が楽なんだよ」

とか、

「先には長いダラダラ坂があるから、焦らずに力を溜め気味に行かないとね」

「けっこうカーブが急だな」

「あの木陰は、給水休憩にちょうどいいわね」

などと熱心に確認している。マッシミリアーノはもう、足の裏から山の道を知り尽くしているのだろう。

しばらく行くと道沿いに数台の車が停まっているのが見え始め、その先に食堂があった。

TUBORG BEER
Antica
Osteria

食堂というよりは山小屋の佇まいだ。道より二、三メートルほど高台に建っている。三角屋根の軒下に頑丈な木の梁（はり）が通っている。焦げ茶色の木の窓枠は、塵土を塗り重ねた真っ白の外壁に掛けた額のようだ。階段を上がってドアを押すと、ふわりと中から暖気が出迎えた。炭火だろうか。何とも香ばしい匂いが鼻先に流れる。

「やあやあ！」

「久しぶりだな」

「元気か」

「お父さんはどうしてる？」

「今回はいつまでモンテレッジォにいる予定なの？」

四方八方から挨拶が集まる。満員だ。二、三十人はいるか。奥のほうのテーブルですでに昼食もたけなわという人たちは、座ったまま顔だけこちらに向けて、一言二言、声をかける。

店内は中年から老年ばかりだ。くつろいだ様子からすると、皆、常連で互いに顔見知りなのだろう。一応テーブルは分かれてはいるものの、あちらからこちらに喋りに来てはそのまま座り、こちらの席を立っては向かいのテーブルへ移る、と賑々（にぎにぎ）しい。ウエイターたちも慣れたもので、あちこち動く人の後を追っては、新しい小皿とグラス、カトラリーを手際良く運んでいる。

ささあ、と両手を広げて店主らしい中年の男性が厨房(ちゅうぼう)から現れた。私たちを中央の大テーブルに案内する。

「よろしく頼むよ」

マッシミリアーノとジャコモが、店主の両側から肩を抱いて挨拶している。

「いらっしゃい。存分に味わっていってください」

メニューも出なければ、料理の説明もない。ドン、ドン、ドンと水入りの瓶がテーブルの真ん中に置かれ、ドシン。一リットル入りのカラフに赤ワインが揺れている。

食事を終えた人たちが順々に私たちのテーブルにやってきて、ジャコモ夫妻やマッシミリアーノと雑談を交わし、戻り際に私にも満面の笑顔で会釈(えしゃく)していく。結局、店内にいたほとんどの人が立ち寄っては自己紹介をし、一人ひとりに私は笑っては黙礼を繰り返した。それぞれのテーブルに戻ってからも、背中を向けたままこちらをじっと窺(うかが)っているように感じた。

それは初めて村を訪れる客人への歓待と気配りであり、また他所(よそ)者に対する探りと警戒でもあるのではないか。モンテレッジォと周囲の山々を繋ぐ道の途中に、忽然(こつぜん)と高台に建つ食堂の外観を思う。

長細い木製の皿の上に濃い桃色の生ハムが並べ出され、昼食が始まった。芳醇(ほうじゅん)な香り。

しっかり塩が効かせてある、噛み応え十分の肉。野生イノシシのハムだ。フェデリカはひと切れかふた切れだけ口にすると、

「ああ、もうお腹いっぱい。今日はここまで！」

早々と宣言し、ナフキンを置いている。飲むのは水だけ。彼女はランナーなのだ。

「まあそんなこと言わずに……」

両手に大皿を抱え持ち、店主がお代わりを勧める。ごく薄いパイ生地でリコッタチーズと卵と野菜を包み焼き。それを見たジャコモは、

「これは僕からのリクエストなんです。祖母の得意料理でした。パイを頬張ると、山が口に飛び込んでくるようでね。子供の頃から〈天国のパイ〉と呼んで、よくねだったものです」

季節ごとの野草や狭い自家菜園に育つ野菜を摘み、包み込む。

「これは、そのパスタ版です」

甘酸っぱいトマトの香りが湯気とともに立ち上る。手打ちのパスタ生地で地産の野菜や香草を包んでラビオリを作り、挽き肉をトマトで煮込んだソースで和える。ミラノを出た後、突っ切ってきた広大なトマトの栽培農地一帯にも似たようなパスタ料理はある。

〈あれ？〉

頬張ってみると、山向こうの味とはどこか違う。そもそも挽き肉入りのトマトソース

は、山を越えた北側にあるボローニャが発祥の地だ。ボロニェーゼと呼ばれたりする。一見同じなのに、どこが違うのか？　……。オリーブオイルか！

「ここは山ですが、海なんです」

その通り、と頷きながら、ジャコモはラビオリをよそう。山の北側では、煮炊きや揚げるのにラードを使う。豚の脂が大半の料理の基軸だ。したがって、ボロニェーゼも濃厚である。ところが、モンテレッジォ一帯では、動物脂は使わない。オリーブオイルである。

「ずっと昔からです。オリーブオイルの産地として有名なトスカーナ州にあるのに、ここモンテレッジォ一帯にはオリーブの木がないのです。生えているのは、野生の栗だけ。昔から主に海側のリグリアから、オリーブオイルが運ばれてきていたようです」

山の食材を、海のそばで採れたオリーブオイルで調理する。それはまた、ここが沿岸部からオリーブオイルを山を越えて運んだ、商の道だったという証でもあるのではないか。軽やかなオリーブオイルの香りの向こうに、リグリア商人の足跡が続いている。

「トマトで煮込んだ肉入りソースをパスタに和えて食べるなんていう贅沢は、昔はこのあたりでは夢でした」

そう言いながら次に店主が出したのは、親指の頭ほどの大きさの、灰色がかった薄茶色の粉ものである。流行りの全粒粉パスタかしらん。細かく刻まれた緑色の野菜が絡めである。

「小麦粉は富裕層の食べ物でしたから、なかなか食べられなかった。森へ入って野生の栗を採り、挽いて粉にした。水だけで捏ねて、こうしてね、ヒョイ、ヒョイッと……」

マッシミリアーノが、親指の横腹でテーブルを擦り上げて見せる。灰褐色の食べ物は、栗の粉で作ったニョッキなのだった。もともとニョッキは、茹でたジャガイモを潰し繋ぎにわずかな小麦粉を合わせ水で捏ねて作る、ごく質素な料理だった。主に北イタリアで、貧しくて小麦粉が買えない人々が、腹持ちがよく廉価な芋をパスタに擬して食べた。

小粒なニョッキを数個まとめて口に放り込む。歯応えがある。具はポロネギだけだ。茹で溶けてクリーム状になった表面を、オリーブオイルの香りが優しく包み込む。ほんのりと塩味のニョッキからは、噛むうちにネギと栗の甘みが滲み出てくる。見た目が悪いので、味もさぞ貧相に違いない。そう侮って口にしたが、堂々とした一品だった。

栗、水、塩、オリーブオイル、ネギ。そして、指の力。ただそれだけ。しかし、だからこその気高い味。

皿の中に、モンテレッジォを見る。

食堂を出て、うまく言葉が出てこない。

「食べ過ぎましたかね？」

マッシミリアーノが心配して、私の顔を覗き込む。腹ごなしにひとっ走りしようか、と駆け足の仕草をしてみせる。

満腹したのは、料理にだけではなかった。この山村を取り巻くさまざまを反芻(はんすう)して、胸がいっぱいになったのだ。

石壁に貼ってあった村人たちの写真を改めて思う。写っている人たちは、毎年春になると唯一の産物である石と栗を集め、背負って山を越え谷を越えフランスやスペインまで足を延ばした。往路の荷である石を売りきると、空っぽの籠のまま帰るのはもったいない、と道中で本を預かり受けて籠に詰めなおし、売り歩きながら帰路を辿ったという。

彼らが旅に発つ際に背負ったのは、石の重さだけでなかった。残していく家族たちへの責任、将来の不安や孤独の重圧もあったに違いない。

モンテレッジォの村人たちよ。いったい何があなた方を突き動かして石を運ばせ、あろうことか、本を担いで戻ってこさせたのですか?

天の啓示か、偶然か。運命のいたずらか。

石と本。この不思議な因縁を生んだ背景を探ろうと、今日、私は村を訪れた。ジャコモたちの後について石畳の道を歩き、石造の教会と塔と城に触れ、山に囲まれて広場に座った。そして皆と簡素な郷土料理を分け合ったとき、連綿と山で生きてきた村人たちの思いが身体じゅうに沁み渡った。

行商人たちが村を離れるとき、栗尽くしの食卓で家族が送り出した情景が目に浮かぶ。質素であればあるほど、核心を突く味わいだ。村人の味覚の原点。村を支えてきたのは、この開き直ったような単純明快さから生まれる強さなのだ。

別れ際にジャコモとマッシミリアーノから、ずしりと重い袋を受け取った。深い紫色のブルーベリー・ジャム。百花蜜。栗の粉で焼いた乾パン。栗の粉。薄片に切った干し茸。

「村を発つ時に家族が持たせてきたものです。多少のことでは傷みません。いっしょに湧き水も持たせてあげたいですけれどね……」

袋の中身は、今日の訪問の復習だ。自分で調理してみるとき、モンテレッジォにいっそう近付くための予習が始まるのだろう。

ミラノに帰って袋を空けると、底に封書があった。マッシミリアーノからである。

洋子さんへ

モンテレッジォへいらしてくださり、ありがとうございました。どのように村の紹介をしようかと皆で相談し、それぞれが親や老人たちから見聞きしてきたことを振り返りました。すると、それまで置きざりにしていた思い出や感覚が次々と目覚めて動き出し、目の前に現れたのです。先祖と再会するようでした。どうもありがとう。

僕は、モンテレッジォから離れて暮らしています。でも村から離れれば離れるほど、時間が経つほどに、郷愁（きょうしゅう）の思いは強まる一方です。

何もない村。食うに困る暮らしだった。でもだからこそ、村は今でも生きている。

貧しかったおかげで、先人たちは村を出て国境をも越えていった。命を懸けた行商が、勇気と本とイタリアの文化を広める結果へと繋がっていったのです。

読み書きのできなかった貧しい村人が、本を運ぶ。説明が付きません。奇跡のような話です。この不思議な力は、山の木々から湧いてくるのだと思います。

森は神秘です。

幼かった頃、秋になるときまって祖父母や友達と森に入り、栗拾いをしました。前屈みになり地面に顔を擦り付けるようにして、少しでも大きくて傷んでいない栗を懸命に探しました。栗の木の落ち葉で一面が黄色に染まり、木漏れ日を受けて金色に光る。夢の中のような光景でした。

モンテレッジォの周りの山は、栗の森です。誰も世話をしないのに、秋になるとすべての山に栗の実が生る。奇跡の恵みです。

冷え込みと湿気が骨に沁み入る頃、村じゅうに焼栗の匂いが広がります。広場に村人全員が集まり、栗を焼いて食べるのです。ただいっしょに食べるだけ。五臓六腑に栗の滋養がしみじみと行き渡り森の力がみなぎり、神聖な気持ちで満たされます。

茸！ 一人で枯れた枝葉をかき分け、草むらを覗き込み、獣道に入る。あった！ そうっと摘み取り、森の匂いを胸いっぱいに吸い込む。山に抱かれる瞬間です。

六月にはラズベリー。八月はブラックベリー。あの色。甘酸っぱい味。儚い柔らかさ。繁みの中に見つけると、手を伸ばして優しく摘み取る。ジャムにするために人は摘むけれど（モンテレッジォにジャム作りの名人がいるので、次は味見がてら会いに行きましょう）、僕は、摘んだそばから食べていました。旨かった！ 神様ありがとう。

八月になると、村人は屋外で揃って夕食です。僕たち悪童は、大人たちが広場に集まるのを見届けると山の斜面に這い入り、イチジクを腹一杯食べて大笑いしたものでした。梯子を掛けなければならないほどの大木で、子供だけで登ってはならなかった。禁断の果実は大人の味がしました。英雄になった気分だった。ところが大人たちはすべてお見通しで、気付かないふりをして見守っていてくれていたことを後になって知りました。どの村人も同じようにして大きくなったからです。僕たちモンテレッジォの住人は、山にすべてを教わってきました。

毎年学校が終わると六月から九月まで、僕は祖父母といっしょにモンテレッジォで過ごしました（祖母の父親も、書店主でしたよ）。

毎夕、薄暗い森を通って〈乳牛飼いのアンナ〉の家へ行き、ガラス瓶に搾りたての生乳をもらってくるのが僕の役目でした。小学生だった僕は、牛乳がなみなみと注がれた瓶を両手で胸に抱き、こぼさないようにそろそろ歩いて帰りました。瓶を通して、ほんのりと乳の温かさが伝わってくる。我慢できずにこっそりすする。

〈ああ美味しい！〉

ひと口だけのつもりがつい飲み過ぎてしまい、祖母に見つかりひどく叱られたものです。あの甘くて濃い味は今でも忘れません。アンナおばさんは九十歳を超えて、今でも達者です。

今日の昼食とこの土産品は、村に伝わる味です。僕たちの幼少の記憶です。

モンテレッジォを味わってください。

二〇一七年二月二十六日　モンテレッジォ
マッシミリアーノ

MADE
BRAZILIAN
Treni Trains

6　行け、我が想いへ

本が本を連れてくる。

モンテレッジォ村との出会いは、それ以外には説明が付かない。実際に村を訪ね、改めてその感を強くした。その存在を知ったのがそもそも村のある山脈からは遠いヴェネツィアであり、聞いたこともなかった現地へ下調べもせずに向かった。村のことを教えてくれたヴェネツィアの老いた書店主から、「祖先のこととはいえ、村のことはよく知らないのです。ぜひ自分の代わりに村を訪ねて、その様子を聞かせてくれないか」と頼まれた。

〈たやすいことです〉

一も二もなく引き受けた。トスカーナ州だという。すぐそこではないか。ミラノからだと、たとえ山中であっても三、四時間もあれば着くだろう。小さな旅を楽しむつもりで行けばいい。

ところがモンテレッジォ村は、簡単に行けるようなところではなかった。調べてみると最寄りの鉄道の駅からですら、十五、六キロメートル離れている。しかも駅は、モンテレッジォへと連なる近くの山麓にあって同じ山にはない。駅から先には、下界から雲海へ上っていくような道程が待っている。村の近くへの路線バスもあるにはあるが、本数が少ない上に複数の路線を乗り継がなければならない。ミラノから最寄りの駅まで三時間ほどで着いても、そこからバスでさらに三時間かかる。悪天候やストなどでバスを逃せば、以降の旅程は将棋倒しで駄目になる。

ならば駅からは徒歩で行くか？　山の裾野をなぞりながらまずひとつふたつ山を越えると、ようやく村のある山の入り口に着く。しかし、その前に川だ。山裾では川幅も狭く水嵩も低いが、奥に進むにつれて流れは強まり深い渓谷へと変貌する。

行く方法を思案していると村の有志たちの親切で、ミラノからの車に同乗する幸運を得た。道すがら見た車窓からの眺めは、走れども走れども山、坂、谷の繰り返しで、たとえ車であってもそうやすやすとは行けない印象だった。

そういう経緯(いきさつ)があって冬の終わりに村を訪ねてから、もう三ヵ月近く経っていた。石や栗で覆われた村のことを反芻するうちに、ぜひ春の村も見てみたくなった。前回訪れたときには、村にはほとんど人がいなかった。話を聞いたのは、連れていってくれた村の有志ジャコモとマッシミリアーノであり、二人ともふだんは村には暮らしていない。週末や休暇に村に戻るだけである。村に定住する人たちとも会って話を聞いてみたかった。

それに二月に訪問したときは、ジャコモたちは一度にすべてを説明しようとした。村の興(おこ)りは紀元前に遡る、という。そこから始まり、周囲の山脈や眼下の海、古代ローマやビザンチンの時代、山一帯の貴族領主、教会のこと、聖地巡礼、異教徒の侵攻、ナポレオン一世の支配、イタリア統一運動(リソルジメント)、二つの大戦へと到る数千年の歴史を行きつ戻りつ説明した。歴史上の傑物から一介の村人まで、皆同列に触れていった。

〈口角泡(こうかくあわ)を飛ばす、とはこういうことを言うのかしらん〉

モンテレッジォについて話す二人に呆気に取られる。何かに憑かれているようにも見えた。

「でもそう言うあなたも、何かに呼ばれてこの山奥まで来たのではありませんか！」

ジャコモとマッシミリアーノの話は時間軸に沿っていたかと思うと、脇道へ逸れ、脱線したまま驀進(ばくしん)していった。私は必死で追いかけ大筋を組み立てようと試みるが、とめどない民間伝承や史実にたちまち押し流されてしまう。質問も挟めず、相槌すら打てない。私が話に付いてこようがこまいが、彼らは少しも気にかけていないように見えた。捻った蛇口から水が勢いよくほとばしるようだった。これまで村が溜め込んできた思いの深さを、目の当たりにする気がした。

濃厚な訪問だったが、重い石を胸ポケットに入れたまま村を後にした気分だった。なぜ、地の果てのようなあの山奥から本が各地に運ばれていったのか。史実の不思議、と言われても納得できない。

一から話を聴き直そう。あのとき会えなかった村人たちを端から順々に訪ねてみよう。村を取り巻くものにできるだけ多く当たってみるのだ。幼子から老人、羊にロバ、栗の木、春の花や蜂を追い、連峰を見渡し、獣道から山林に分け入り登り、中世から続く近隣の集落を歩き、川辺に下り、夜は月を見る。暗闇に聞こえる音にも耳を澄ましてみよう。

「えっ……」

電話口でジャコモが絶句している。

再訪したいけれど、今度は鉄道で行ってみる。自分一人で辿り着きたい。

そう私が告げたので、彼はびっくりしたのである。「いくら何でもバスの乗り継ぎでは……」と説得されて、最寄りのポントレモリ駅まで車で迎えに来てもらうことになった。今回も訪問に同行してくれる、というジャコモの厚意はありがたかった。モンテレッジォは小さく平穏な村だったが、また同時に頑なで慎重な気配に包まれている。古い歴史の上に載った石の蓋は、異邦人が一度や二度、訪問するくらいではびくともしないだろう。

始発で行く。発車案内板を見ると、乗り場は22番と出ている。
早朝のミラノ中央駅構内で、電光掲示板を見上げたまま立ち竦む。第二次世界大戦終結間際に、北イタリアじゅうからの乗客を集めて満員の電車が出た。21番線。二度と戻らない旅への電車。その終点は、アウシュヴィッツだった。その並び番号から出るのか……。

現在21は廃番となっている。永久欠番のプラットフォームだ。並び番号の運命のようなものがあるのだろうか。モンテレッジォはその長い歴史の中で、21番線とも関わりがあったのだろうか。

あれこれと考えながら、乗り場へ向かって広大な構内を歩く。改札口に近い便利な番線からは、ヴェネツィアやローマ、トリノやフィレンツェなど主要都市行きが出る。22番乗り場は駅の端の端だ。やっと奥の壁に突き当たり、そこからさらに前方に進んだところにあった。

すでに電車はプラットフォームに入っていた。ひと目で鈍行と知れる。十両を超えるすべての車両は色がくすみ、長い間、手入れをされていないように見えた。いや、ただ古いだけなのだ。他の路線ではもう見かけなくなった旧式の車両が、連なり停まっている。

二等車のみで、全車両自由席。故障で半分開かない扉から身をよじるようにして入ると、乗客は私一人だった。ひどく安っぽく見える青い塩化ビニール製の椅子も、作られた当時は相当に斬新だったに違いない。腰かける人がなく、イタリアのシンボルカラーの晴れ晴れとした空色ばかりが目立ち、物寂しい。今から電車が通っていく先々の地の空疎ぶりを象徴するようだ。

さて、発車。空席の目立つ鈍行は、ミラノからパダーナ平野を南下しながら各駅に停まる。乗ってきた人がいたかと思うと、もう次の駅で降りてしまう。平野の真ん中あたりで乗り降りする人たちは、大半が外国人男性である。アフリカ人や東欧人に混じって、南米の人もいる。アジア系は私一人で、旅行が目的で乗っているのもどうやら私だけのようだった。他の乗客たちのほとんどは連れもなく、スーパーのレジ袋や煮染（にし）めたような色のリュックサックを抱え込み、黙って座っている。痩せこけた頬に、強い眼光。骨ばっているが、しっかりした肩や腕。節の目立つ手。何日も着替えていないような格好である。まるでこの車両のよう、と思う。どの人も一、二区間乗ると降りていく。検札の車掌が通る間もない。一帯の農作業に雇われた労働者らしかった。かつて貧しいモンテレッジォから山を越えて出稼ぎに行った、という男たちに重なる。

遠くに山脈が見え始めた頃、乗り換えで下車した。いっしょに降りた数人は駅を後にしてしまい、私だけが無人のプラットフォームに残って乗り継ぎを待つ。

田舎の匂いだ。駅の向こうから、土と日なたと肥料と草いきれの入り混じった匂いが流れてくる。閑散としたプラットフォームを深呼吸しながら歩いていると、駅員室の入り口が開いていた。この駅には不釣り合いに大きい駅員室に機械やモニターがずらりと並び、管制塔のようだ。蛍光色の作業服姿の機関士たちが画面を確認したり電話したり、きびきびと働いている。

〈こんな農地の真ん中で……〉

意外に思い近寄って覗き込むと、人と目が合った。

その人は、管制盤の向こうからこちらを見ている。

ジュゼッペ・ヴェルディ。

働く機関士たちを見回すように、作曲家ヴェルディの大きな肖像画が掛かっているのだった。学校や病院、市役所などの壁には、よく絵画が掛かっている。近隣の名所旧跡の風景画だったり土地の守護聖人だったり、地元出身の画家の作品だったりといろいろだ。たとえば南部イタリアの信心深い土地柄では、ローマ教皇やピオ神父の顔写真が祀ってあったりする。

そういう要の位置に、ヴェルディがいる。

「ヴェルディは、イタリア人の魂の父ですからね」

扉を閉めに来た機関士が、誇らしそうに言った。

さまざまな名曲を生んだヴェルディは、今朝私が電車で走り抜けているこの平野の真ん中で生まれた。十九世紀半ばナポレオンに続きオーストリアの支配下にあったイタリアで独立戦争が起きたが、ちょうどその頃にヴェルディの創作活動が重なった。ヴェルディの音楽は、激動期のイタリア人の心を揺さぶった。とりわけ、歌劇『ナブッコ』第三幕合唱曲『行け、我が想いよ』(Va, pensiero)に熱狂した。敵バビロニアに囚われたヘブライ人(ユダヤ人)たちが、失われた祖国への熱烈な思いを吐露する場面で高らかに合唱される楽曲である。おそらく多くのイタリア人たちが、当時の自分たちが置かれていた状況とこの場面を重ねて、異国の支配から自由になることを切望しながら聴いたに違いない。

しかしそうした宗教や政治の違いなどには関わりなく、ヴェルディの音楽はひとたび耳にすれば、たちまちイタリアの大地や空、海の豊かさが押し寄せ、しみじみと幸せな気持ちに満たされて精神が高揚していく。ヴェルディが〈イタリアの父〉と呼ばれるのは、統一国家が生まれようとする時代に人々の意気を上げたからではない。その音楽が、教義や理論では説明の付かない人の情というものを、イタリアの魂を表しているからだろう。

乗り継ぎで降りた駅周辺の光景は、ヴェルディの音楽そのものだった。

〈よく味わいながら旅をなさい〉

額のヴェルディから餞を贈られたような気がした。

鉄道の旅はどうだったか、と村の老人に尋ねられ、私は車窓いっぱいの農耕地や駅に掛かっていたヴェルディの肖像画について、息急き切って話した。

「あれほどの恵みの大地を守ることは、領主の苦労もただ事ではなかったでしょうね」

しみじみと老人は言った。セルジォは九十歳。少々背は丸くなっているものの、長身でかくしゃくとしている。若い頃はもっと深い青だったのだろう。大きな水色の瞳に筋の通った鼻で、端正な面立ちである。

「先祖たちのことだけでなく、村の歴史にも詳しいのでぜひ」

村の定住者に話を聞きたい、と私が頼むと、ジャコモはそう言って自分の父親、セルジォを真っ先に紹介してくれたのだった。

「木を一本ずつ見ていても、山の姿はわからないでしょう」

自分の一族の話から始めるより、まずはモンテレッジォを取り巻く一帯の歴史から、と老父は改まったように背筋を伸ばした。

村の入り口の広場にある、バールの店内に座っている。二月に訪れた際、手製のピッツァでもてなしてくれたティツィアーノの店だ。あとから一人、またもう一人と小さな店内に人が入ってくる。奥に腰かけているセルジォと私を交互に見て挨拶すると、そのまま私たちの近くへ椅子を引いて座る。

「サンドロです。村の催事の責任者です」

「レナートと言います。この間、ごいっしょしたマッシミリアーノの従兄弟（いとこ）です」

後から、「セルジォの妻で、マリアと申します」

ジャコモの母親も加わった。ティツィアーノが手早くテーブルを壁側に寄せて椅子を円座に並べ直すと、バールは年長者の話を聞く空間へと一変した。

「山の民はたいてい閉鎖的なところがありますが、モンテレッジォも例外ではありません。人々は、今でも警戒心が強い。それは、古代ローマ時代に監視塔が置かれていた頃からの土地柄でしょう。聖地巡礼の街道への経路でもありました。この土地の歴史と地理が、人や物資の動線を担うことになりました。後世、統治者にとってこの一帯の山々は重要な経路となったわけです」

静かな山奥には不釣り合いにも映る、堅牢な石造建築物を思う。山の背に沿って村の周囲に連なる石壁は、外からの侵入はネズミ一匹たりとも許さないという断固たる構えである。

「海沿いに北上していくと、かなりの遠回りになります。上陸して北側の諸国への最短の道程が、モンテレッジォ越えだったのです」

海がなく、平地もなく、大理石の採石もできない。つまり、海産物も農作物も畜産品も天然資源も採れない村だったが、それらが豊富な土地へ行くための〈通過地点〉という重要な役割があった。

「特産品は、〈通す権利〉でした」

ちょっと外に出ましょうか、とセルジォに連れられて広場からの石畳を歩く。長老の説明を聞いてから改めて道を歩くと、両側から迫る低層の建物がスクラムを組んで二列に並ぶ屈強の男たちのように見える。一分の隙なく、何も見逃すまいと見張っている。

「建造物の違いがわかりますかね？」

それまでの集落の列を締め括るように、小さな立方体を二つ重ねたような建物が小道を挟んで向かい合って建っている。まるで二つの山だ。それぞれの立方体の入り口には、上半身を屈めなければ潜(くぐ)れないような低い扉が付いている。壁面は、荒削りのままの石、石、石。とりわけ剛健な男二人が腰を落とし、いつでも飛びかかれるように身構えているかのようだ。その首元、二の腕、脇腹、くるぶしあたりに、四角い穴が深く掘り抜かれてある。

「ここに両開きの門戸が付いていたのですよ」

関所だ。

石の塔は一階部分が住居になっていて、監視兵たちは二十四時間を塔に籠って過ごした。村に忍び入ることのできた輩がいたとしても、ここから先には進めないように関門を作ったのである。

「念には念を入れて」

セルジォは、関門のすぐ前の坂道を指した。

「中世は、さらにそこが堀になっていましてね」

跳ね橋が架かっていたのだという。

それからあれも、と、関門近くの建物の裾に開いたアーチの中を見るように言われる。廃屋なのだろう。朽ちて、アーチの下には崩れた石が積み重なり、泥や木片、ゴミ屑が吹き溜まっている。「もっと奥へ入ってごらんなさい」。真っ暗だ。ひと足先にジャコモが立ち、前方を携帯電話で照らす。

青白く照らし出されたのは、ひざ下くらいまで瓦礫に埋もれた細い穴倉だった。長身のジャコモは首を折り曲げている。そろそろと奥へ進む。湿った臭い。古い空気。潜ったアーチの周辺だけかと思ったら、トンネル状に延々と続いている。人ひとりが歩ける幅しかなく、息苦しくなる。窓はない。両側の岩を触りながら歩く。

「中世、村の入り口に城と塔を建てたときに、まず周囲に城壁をめぐらせさらにその内側に集落を一列に並べて建てて第二の防壁とし、その下に地下道も掘ったのです」

侵入者や逃亡者を阻み包囲するために、見張り兵たちがこの地下道を武器を携え足音を忍ばせて走った。後世、イタリアの独立運動や二つの大戦でも、この秘密の道は利用されたのだという。

〈それにしても……〉

セルジォたちとわずかな時間で村をひと回りし終えて、思う。針の先ほどの村が、二重三重に岩を積んで守った地の利の重さを考える。産物を持たないこの地の人々は、統治者に忠誠心と力を年貢代わりに奉納してきた。領主は通行税や関税で潤沢な上前を得ながら同時に、〈誰にも超えることができない〉という統治者としての立ち位置と権力も誇示したのである。相当の知恵者でなければ、古からさまざまな勢力が交錯するこの地の統治などできなかっただろう。

「領主が傑物だったのは、手にした財力と権威を文化にも注ぎ込んだことでした」

マラスピーナという一族である。モンテレッジォ一帯がその統治下に置かれたのは、十二世紀から十三世紀に遡る。

7　中世は輝いていたのか！

九十歳という年齢と穏やかな人柄、そして村の歴史にも詳しいセルジョは、文字通り村の長老だろう。彼の長男ジャコモが、過疎の進む村を心配し有志を集めてサイトを立ち上げた経緯がよくわかった。この父にしてこの子あり、なのだ。

今日バールに集まった村人たちは、七十歳から八十歳といったところだろうか。それぞれ故郷について話したいことは多々あるだろうに、黙って耳を傾けている。村役場や連盟、組合などいろいろな組織に代表者がいても、モンテレッジォの真の頭（かしら）はセルジョなのだろう。この痩身の老人には高圧的なところが少しもないのに、周囲を静かにする力があった。初対面だったが、私も畏敬の念を持った。

「どうしましょうか、マラスピーナの話。少々、長くなりますのでね」

青い目で笑いながら、私に穏やかに尋ねた。

そうだった。今回は電車で来ているのだ。案内を受けているうちに、山を下りて駅まで行かなければならない時間になっている。どこかに投宿して話の続きを聞こうか、と迷っていると、

「また出直してらっしゃい。次は、ゆっくりうちの家系の話もいたしましょう」

勧めるセルジョの後ろに控えているバールの店主ティツィアーノも、〈そうなさい〉と頷いている。

マラスピーナ、と言われても、実は私は何も知らないのだった。

中世のイタリア半島に、いったいどれほどの数の貴族領主がいたことだろう。そもそも、中世は暗黒の時代、という漠然とした印象を持つだけで、イタリアという国がまだ存在しなかった頃の半島やヨーロッパ大陸の歴史の微細まで調べてみようと思ったことなど、これまでなかった。ようよう概要を知る程度で、各地の変遷ともなると全くわからない。

セルジョは、微笑みながらこちらを見ている。

〈今日のところはいったんお開きとして、次回に備えて復習と予習をしていらっしゃい〉ということか。

さて、中世。そして、マラスピーナ家。

ミラノに戻って図書館や書店を回り、資料と籠る。ページを繰る。空想する。ああだろうか、こうだろうか。仮説を立ててみる。人名地名。百科事典で当たる。ページの間からわらわらと中世の各地の君主たちがあふれ出てくる。目眩（めまい）。

マラスピーナ家の源は、十世紀にスイス以南のイタリア半島北部からアペニン山脈を越えてリグリア海へと抜け、コルシカ島やサルデーニャ島の一帯を統治していたオーベルテンギ家に遡る。フランク族がその出自だ。広大な領土の農作物だけではなく、要となる陸路、河川と海の水路と河口や港を押さえ、そこを経由して運搬、売り買いされる塩やオイル、ワイン、海産物、畜産物、材木、石炭などの物品に対する関税や商人たちへの通行税により、莫大な利益と権力を得ていた。やがて多数の子孫に領土は分与され、各地で貴族領主となり分割統治を担（にな）っていく。

その貴族領主の家門のひとつが、マラスピーナ家だった。

大元（おおもと）のオーベルテンギ家と同じく、マラスピーナ家も代々の子だくさんだった。十世紀から十一世紀、十二世紀へと一族の変遷を追うと、同じ名前が繰り返し出てくる。数々の戦いで八面六臂（はちめんろっぴ）の活躍をし、威名を轟（とどろ）かせたマラスピーナもいる。

〈ずいぶんと長生きしたのだな〉

ある頭首の幾多の功績に感心しながらその年齢を計算してみると、優に百歳を超えている。ところがよく調べてみると、一人の功績ではなく同姓同名の祖父と孫、叔父や甥などの、数代にまたがる偉勲だったりする。一世、二世。ピッコロ（子）にグランデ（親）。呼称に目眩ましされ、世代の境目がさっぱりわからない。さらに各世代の妻たちの実家も加わって、世襲される同じ名前はネズミ算式に増えていく。いつ生まれていつ死んで、この人とあの人が夫婦、いや母と息子か？

　メモがノートの見開きに入り

きらない。

なんという子だくさん……。ジャコモ、マッシミリアーノ、助けて！

〈子が多いのは、「中世は暗い時代」で夜も長かったからです（笑）。産めよ増やせよ、で領地と財と権力を拡大できたわけで。くじけずに読み解いてください〉

と、ジャコモから、

〈マラスピーナ家のあれこれなど、適当にうっちゃっておいて！〉

マッシミリアーノからも、概要の他は軽く飛ばすように、という励ましのメッセージが送られてきただけである。

数日後、年月日と名前が延々と列記される資料を前に唸っていると、ジャコモからメッセージが届いた。三点のファイルが添付されている。開くと、携帯電話の画面いっぱいに細密画が現れた。拡大してみると、点々に見えたのは人名であり、線はあちこちに延びて無数の人名を結んでいる。それは、一画像には到底収まりきらない、初代から貴族領主廃止に至るまでのマラスピーナ一族の家系図らしかった。

本が運ばれていった村の事情を知りたいのに、目の前に広がるのは中世の利権と血縁の樹海である。

▼オベルト一世
　▼オベルト二世
　　▼オベルト・オビッツォ一世
　　　▼アルベルト一世
　　　　▼オビッツォ二世
　　　　　▼アルベルト〈マラスピーナ本家〉初代
　　　　　　▼オビッツォ
　　　　　　　▼オビッツォーネ
　　　　　　　　▼コルラード一世〈マラスピーナ〝枯れたイバラ〟閥〉初代
　　　　　　　　　▼モレッロ
　　　　　　　　　　▼グリエルモ
　　　　　　　　　　　▼オピッツィーノ〈マラスピーナ〝花咲くイバラ〟閥〉初代

　この▼は世代の長であり、後継者だけを抜粋した流れだ。▼のそれぞれには、早逝し系図から消えてしまった長や記載されていない兄弟姉妹の樹形図も存在する。こんなに伸びた枝葉や根の隅々まで、栄養は十分に行き渡っていたのだろうか。

やがて勢力を強めてきた領土外の新興都市に圧されて、マラスピーナ家は北部の平野部からじりじりと南下し、アペニン山脈圏へと領土を縮小していくことになった。

十三世紀になると、マラスピーナ家自体〈枯れたイバラ〉と〈花咲くイバラ〉と二つの閥に分かれ、すでに縮小されてしまった領土をさらに二分し統治するようになっていく。血が濃ければ、愛憎はいっそう深い。利権を目当てに、数々の政略結婚もあっただろう。

資料の字面が錯綜（さくそう）し始める。モンテレッジォ村へ近付こうとしているのに、イバラの繁みに行く手を阻まれた感じだ。石に栗、今度はイバラか……。


ミラノのバールのカウンターに寄りかかり、これからの取材の手立てを考えながらコーヒーを飲んでいると、近所に住む大学生が横に並んだ。彼女は文学部の二年生だ。

「朝から浮かない顔をして、どうかしたのですか？」

中世にマラスピーナという一族がいてね、かくかくしかじか……。

「ああ、ダンテの」

彼女は、まるで身内のことを話すような気易さで相槌を打った。

えっ？『神曲（しんきょく）』の、あのダンテのこと？

中世。トスカーナ。マラスピーナ家。ダンテ。

いくつかの点を調べ始めると、知らなかった史実の周辺や流れが次第に浮き上がり一本に繋がった。

〈ようこそ中世の黒い森へ〉

モンテレッジォを取り巻く山の木々が、歓待してざわざわと枝葉を鳴らすのが聞こえてくるようだ。

そうか、あれが本城だったのか……。

過日電車で訪れた際、モンテレッジォに隣接する低山に鷹ノ巣状の小村が見えたのを思い出す。村の入り口にはアーチ状に高く石を積んだ水道橋が架かっていて、その向こうに山々が連なっていた。そこに分家した〈枯れたイバラ〉閥のマラスピーナは本拠地を置き、領土である連峰を管理した。モンテレッジォは、マラスピーナ家の直系に分割後継された。

そして本城を置いたそのムラッツォ村で、ダンテをもてなしたというのである。

資料を読みに、読む。

さて、ダンテ・アリギエーリ。

一二六五年、フィレンツェ共和国の小貴族の一家に生まれる。家業は金融業だったが、ダンテは早くから政界で頭角を顕し、大使の任を経て最高の地位、共和国議会長に就任する。

当時、北イタリアはローマ教皇派（ゲルフ）と神聖ローマ皇帝派（ギベリン）に分かれて、都市国家や貴族たちが対立していた。フィレンツェ共和国では、初めのうちは教皇派が優勢だったが内部抗争が起き、教皇派自体がさらに黒派と白派に分裂してしまう。

黒派は、フィレンツェを教皇に直接に統括してもらいたい人たち。

白派はもともと教皇派ではあったものの、フィレンツェの国政は教皇の干渉を受けずに独立して自由でありたい人たち。

白派は次第に、フィレンツェ共和国がこれまで敵対してきた皇帝派の考え方に似てくる。ダンテが支持していたのは、この白派だった。

共和国の議会長だったダンテの責務は、友好関係を保ちながらもフィレンツェを独立国家として尊重するよう、ローマ教皇と折衝（せっしょう）することだった。

「どんどん北から敵がやってくる。兵士を送ってフィレンツェを防衛してやるから、そのかわりに教皇の管轄下に入りなさい」

ローマへ談判にやってきたダンテに、教皇は強く迫った。しかしダンテは譲らない。同伴した政府高官たちをひとまずフィレンツェに帰し、ローマに一人残って交渉を続行。

ところがフィレンツェではダンテが不在の隙に、彼と敵対していた黒派が一揆を起こし、まんまと国政を牛耳ってしまう。負けた白派は、ことごとく排斥された。ダンテもあらぬ収賄容疑をかけられ、罰金の支払いを命じられる。

ダンテ「濡れ衣だ！」

黒派「払わないのなら、罪人だ」

こうして、ダンテは罪人としてフィレンツェから永久追放される。家も焼かれてしまう。一三〇二年のことである。

〈独りがいい、自由で〉

憤怒と絶望のうちに、ダンテは単身、北イタリアへ向けて放浪の旅に出た。

金がない。家がない。仲間がいない。

しかし、知性があった。各地の皇帝派の貴族領主たちから招かれ、知識と教養で返礼しながら放浪暮らしを続けた。

ダンテは各地を旅しながら、イタリア半島の絶え間ない争いや階級の格差に愕然とした。

〈領土が広過ぎて、それをまとめるリーダーがいないからだ。ドイツ出身の皇帝は母国周辺の統治に手一杯で、イタリア半島まで治めきれていない。しかしだからといって、中部イタリアにいる教皇が皇帝に代わってその領土を統治するようなことをしてはなら

ない。教皇は、宗教者として精神的なことに専念するべきだ〉

と、考える。放浪生活での見聞を基盤に、その後ダンテは口語体*で書くことの重要さや独自の政治論をまとめている。

調べると、ムラッツォ村に〈ダンテの家〉という名所があるのがわかった。ここに本拠を置いたマラスピーナ家の〈枯れたイバラ閥〉は、ダンテと同様の白派だった。名所は呼称の通り、一族に招かれたダンテ

が住んだ家なのだろうか。あんなに辺鄙で何もない村に、あのダンテが暮らしただなんて。

マラスピーナ家は、モンテレッジォ村も治めていたのだ。何かしら接点が見つかるかもしれない。

本の行商人の村とダンテ。

本の精霊が下りてきて、私に手招きしているように感じる。

興奮し、あれこれジャコモに電話で話す。

「まあ、ムラッツォに暮らしたとは言われていますけれどね。果たして本当にあの〈家〉にダンテが住んでいたのかどうかは、証拠は残っていませんから」

つれない受け答えで話は弾まず、いったん電話を切った。

モンテレッジォとムラッツォ。山の頂と麓に位置して同じ領主を持つ。しかし、近過ぎると仲が良くないということは多い。

「〈ダンテの家〉は訪問可能だそうです。ただしね、ダンテはモンテレッジォにも立ち寄った、という伝承もありますからね」

ムラッツォだけが特別ではない、と言いたげな口調で、それでも翌日ジャコモは、〈ダンテの家〉の館長の連絡先を教えてくれた。

再びミラノ中央駅から鈍行に乗る。

ジャコモから教えてもらった連絡先に電話をすると、「明日にでもどうぞ」と館長に言われたので始発に乗った。乗り継ぎ駅のプラットフォームの駅員室でヴェルディに参り、収穫間際の麦畑を見てマラスピーナ家の全盛時代に思いを馳せ、山脈に電車が入るとダンテの孤独な旅の残影を探した。

もうすっかり馴染みのポントレモリ駅で降りると、初夏の日差しの下、中年の男女が背筋を伸ばして立っている。館長とその夫人だった。

どうお呼びすればよろしいですか。〈教授〉、それとも〈博士〉？

「ミルコで結構です。私は、一介の〈ダンテ敬愛者〉ですから」

薄いグレーのサマーウールのスーツに水色のワイシャツを合わせ、渋い青色のネクタイをきちんと締めている。きれいに整えられた鼻下のひげと顎ひげはごま塩だ。夫人は挨拶をし終えると、館長の横にすっと控えるように立った。

車でムラッツォ村へ着くと、「本を読んでお待ちします」と、夫人は慣れた様子で水道橋前のバールに入っていった。夫に付いてもう何度も来ているのだろう。

村は、坂道で始まる。

石畳に足を踏み入れる前に、館長ミルコは胸いっぱいに深呼吸した。確かにそこにいるけれど目には見えない何かに、〈来ましたよ〉と挨拶するようだった。

「さて、ダンテですが」

村に入ってすぐ、上へ続く道沿いの建物の壁に、月桂樹の冠を着けたダンテが石碑となって祀られてある。

「残念ながら証拠はありませんが、マラスピーナ家がダンテをもてなすのであれば、きっとこの家だったに違いありません」

石碑は真新しい。〈ダンテの家〉は、地元の歴史に誇りを持ちダンテを尊奉する人たちが、講演や勉強会をする場所としても使われているらしい。

簡素だが頑丈な木の扉を押すと、高い天井の部屋が目の前に広がった。梁も壁も念入りに修復してある。コールタールのほのかな匂い。天井に防腐用に塗り込んであるのだろう。開け放った窓の中に、山が連なって見える。そのひとつがモンテレッジォなのだ。

「どうぞおかけください」

ミルコは最前列の椅子を私に勧めると、前に凜々しく立った。

いったいなぜ、こんな山奥の小領主の村へダンテはやってきたのです？

私の稚拙で直截な質問に不快な顔もせず、むしろ待ち構えていたようにミルコは話し始めた。大きく息を吸い直す。〈さあ、行くぞ〉。舞台でソロを張るオペラ歌手のように見えた。

「一三〇六年にダンテがこの山奥までやってきたのは、マラスピーナ家に会うためでした」

一族は、教養、とりわけ詩のパトロンとして広く知られていたからである。

ダンテの訪問から遡ること二百年ほど前、プロヴァンス（現在のフランス南東部）で〈トルバドゥール〉と呼ばれる叙情詩人たちが生まれた。宮廷や貴族領主に招かれて、館に宿泊しながら数々の恋愛詩を作り、歌い、捧げた。下層階級の男が上流階級の女性に叶わぬ恋をする、という内容の詩で大変な人気を博する。

トルバドゥールたちは、それまでラテン語で書かれていた詩を初めてプロヴァンス語を用いて、一般大衆の感情をそのまま話し言葉で表した。低俗な流行で終わらなかったのは、宮廷や貴族の間で珍重されたからだ。

「マラスピーナ家が文化をぐっと引き寄せたのですよ、山にもね」

北部イタリアでトルバドゥールたちの人気が上昇したのは、宮廷が集まっていて〈宮廷の女性〉が大勢いたので、詩作の材料に困らなかったからである。

大流行のおかげで、宮廷の詩や歌で使う言葉は統一されていった。

一方、同時期に南部イタリアを支配していた神聖ローマ皇帝フリードリヒ二世は、新たに共通言語を作ろうとしていた。

〈教皇は、キリスト教布教のためにラテン語を持つ。ならば、自分も皇帝としての考えを広めるために、独自の言語を持とうではないか。その言語による文学と教養も必要だ〉

と確信する。

早速、皇帝フリードリヒ二世は、統治していたシチリア王国に家来たちを集め、机上で〈イタリア語〉を創ろうと試みた。イタリア語の誕生、とも言える瞬間だった。自分が創った言語で、ばらばらの領土を統一しようと試みたのである。

〈詩とは、このように書くものだ〉

皇帝フリードリヒ二世は詩の形式まで創った。トルバドゥールの詩を参考にして。家来たちは必死で詩作練習を重ね、任務として全ヨーロッパで詩を創作し広めて歩いた。こうして十三世紀初めに生まれたソネットは、現代に至る……。


マラスピーナ家はトルバドゥールを認め、話し言葉の大切さを伝えたパトロンである。ダンテが一族を訪ねたのは、富裕層に限られた旧態依然とした学問や政治、文化、宗教から脱して、世の中のすべての人々に通じる言葉で自らの思いを伝える糸口を見つけ出したかったからではないか。

言葉は道具なのだ。良い道具とは、万人が使えるものでなければならない。そして品格があり、奥行きが深く、普遍的でなければ……。

彼は奈落の底に落ちて、初めてそれに気が付いた。地の底から天を見上げる。トルバドゥールが宮廷女性を讃えて歌ったように、ダンテは『神曲』で崇高な女性への賛美を綴った。美しい言葉で、この世の平等と慈愛を編んでみせたのである。

二時間余り、ミルコは滔々と話し続けた。私が付いてこようがこまいが、お構いなしだった。水道の蛇口から、水がほとばしるように。何かに取り憑かれたように。

館長は、何がきっかけでダンテに興味を持つようになったのです？

「大学で研究をしたわけではありません。技術系の専門学校を出て、今は銀行で働いています。ダンテに出会ったのは、ごく幼い頃でした。この近くに住む祖母の家に、挿絵入りの児童向けの『神曲』があったのですよ」

夏休みごとに、祖母は『神曲』を少しずつ読み聞かせてくれた。幼いミルコは、ダンテの世界観に深く魅せられてしまう。

倹しい山村に暮らした祖母の気持ちを思う。

孫に遺そうとしたのは、不動産でも宝飾品でもなかった。この地に染み込んだ、言葉の魂だったのである。


ムラッツォ村の頂まで登る。

マラスピーナ家の城址の前に、ダンテの像が建つ。そろそろ山の向こうに日が沈もうとしている。すっと立つ白い像は、山を渡る風に吹かれてすっかり角が取れている。その足元の碑文を読んで、ここから山を越えていった言葉の数々が木霊となって響いてくるような気がした。

親しい友に別れを告げた日、はや夕暮となると
　海を行く人には帰心が湧き、
　心は情にやわらいでくる。
遠くから沈みゆく日を悼む鐘の音が聞えると、
　異郷に来た旅人は
　愛惜の情に胸が痛む。

（『神曲　煉獄篇』ダンテ著、平川祐弘訳、河出書房新社［二〇〇九年］より引用）

原文

Era già l'ora che volge il disio
ai navicanti e 'ntenerisce il core
lo dì c'han detto ai dolci amici addio;

e che lo novo peregrin d'amore
punge, se ode squilla di lontano
che paia il giorno pianger che si more;

＊『俗語論』De Vulgari Eloquentia（一三〇四年―一三〇七年／『世界大思想全集　哲学・文芸思想篇4』黒田正利訳、河出書房新社、一九六一年所収）
『帝政論』De Monarchia（一三一〇年―一三一三年？／『ダンテ全集』第八巻　中山昌樹訳、新生堂、一九二五年所収［国立国会図書館デジタルコレクション］・『世界大思想全集　哲学・文芸思想篇4』所収・小林公訳、中公文庫、二〇一八年）

ANNO SACRO
O VERO
LEZIONI
E VANGELI

8 ゆっくり急げ

本、本、本。

山に囲まれている。書棚にはもう入り切らず、テーブルの上にも空きはない。椅子の上に置こうとしたら、すでにコピーの束が占拠していた。見渡す限りの紙の山は、山村モンテレッジォに関する資料だ。隙間でワープロを打ち、インターネットで検索し、山の陰で電話をかけ、谷間でメモを取る。コーヒーもモンテレッジォに見守られて飲む。パスタのトマトソースでも飛ばして借りてきた本に染みを付けたら一大事、と、このところ食事はパニーニなどの乾いたものが多い。

一応テーマごとに分けてある。

食卓には、モンテレッジォ周辺の『郷土料理レシピ集』や『塩の貿易史』など。本と本の間には、村からの土産の栗の粉で作った乾パン、干し茸、地産のワインが二、三本。村人が本の行商に向かった都市のそれぞれの郷土史や、北イタリアの荘園農業の歴史、映画『にがい米』の原作に『良家のお作法』。風刺漫画集もある。かつて流行った恋愛小説の古本や雑誌のバックナンバーの束、黄ばんだ商品のパンフレット。生活習慣や土地柄に関する資料は、居間に集めてある。

仕事机の上には、古代から現代までのイタリア半島の歴史関連を積む。〈古代〉コーナーには、エトルリア人もいればリグリア族もいる。紀元前の遺跡の写真に『石造建築』。古地図のコピーの隅には、〈バチカン美術館所蔵〉とある。古代ローマに神聖ローマ帝国。イスラム。教皇関連。ラテン語の資料とそのイタリア語訳。巡礼の道。十字軍。『シチリア　二つの王国の歴史』。マラスピーナ家の研究書。『神曲』地獄篇、煉獄篇、天国篇の分厚い三冊。『山岳地方の疫病史』。ナポレオンにオーストリア。『イタリア独立運動と思想』。ジュゼッペ・ヴェルディのCD……。

ちょっとひと休みしようか。寝転ぶと、枕元に積んだ本の行商人たちの発注書や家族写真のコピーの束が目に入る。公文書として保管されることのない無名の人々の私的な記録だが、いずれも二つとない貴重な資料である。長い時を経て、村人たちが保存してきたものだ。他愛ない領収書や売り上げの一覧の隙間から、過去に伸びる根をたぐり寄せ、何世代にも亘る、名もなき行商人たちの物語を拾い上げて紹介していかなければ……。

紙の山はそこに見えてはいるものの、未踏である。高くて険しい連峰だ。

中世史の本を読みながらウトウトしかけたところに、耳元で携帯電話が鳴った。

〈その後、モンテレッジォの取材はいかがですか。本の山で迷子になっているのでは？　息抜きにヴェネツィアへいらっしゃい。お見せしたいものがあります〉

古書店の店主、アルベルトからのメッセージだった。

本に押し潰されそうになっているところを、書店主に救い出してもらう。

『アルド・マヌツィオ　神話ができるまで』

私が店を訪ねるなり、アルベルトは厚い本を差し出した。

「私たちの先祖のことを調べてくださり、ありがとうございます。村人たちが売り歩いた本は、この人のおかげで世に広がりました」

また本である。

今でこそ書店や図書館に行けば、簡単に本を手にすることができる。多岐に亘る内容。

国内外の有名無名の著者たち。多種多様な装丁に紙質やインク、書体、挿絵や写真、図表入り、と一冊ずつに各々の顔がある。

　ところが現在目にするような、手に取りやすい形と自由な内容の本が生まれたのは、わずか五百年ほど前のことだ。人類とその叡智が伝承されてきた時間を考えると、それほど長い歴史ではない。

　ざっと駆け足で本の歴史を振り返ってみると――。

　原文字から文字が生まれ、体系化したのは五千年前の古代エジプトとされる。文字は、粘土板に書かれていた時代からパピルスへ、そして羊皮紙へと記されていく。

　パピルスや羊皮紙に書かれたものを、現在の本の形状に近い形で重ねて綴じたものをコデックスと呼ぶ。古代ローマ時代には、もう作られ始めていたようだ。

　エジプトが利権目的でパピルスの輸出を禁じたためにやむなく羊皮紙を使うようになったが、重いし高価だったため、記録される内容は重要な親書などに限られていた。

　十三世紀に入りイタリアに良質の製紙工場ができると、欧州じゅうに紙が供給されるようになり本が増えていく。本とはいえ、記される先こそパピルスや羊皮紙、紙と移り変わっても、すべて手書きという点は変わらなかった。写本である。誰もが書き写し、本を作れたわけではなかった。写本家という専門家がいて、依頼し写してもらったのである。専門家とはいえ人間である。原典が同じでも、写し間違いや行飛ばし、ページ落

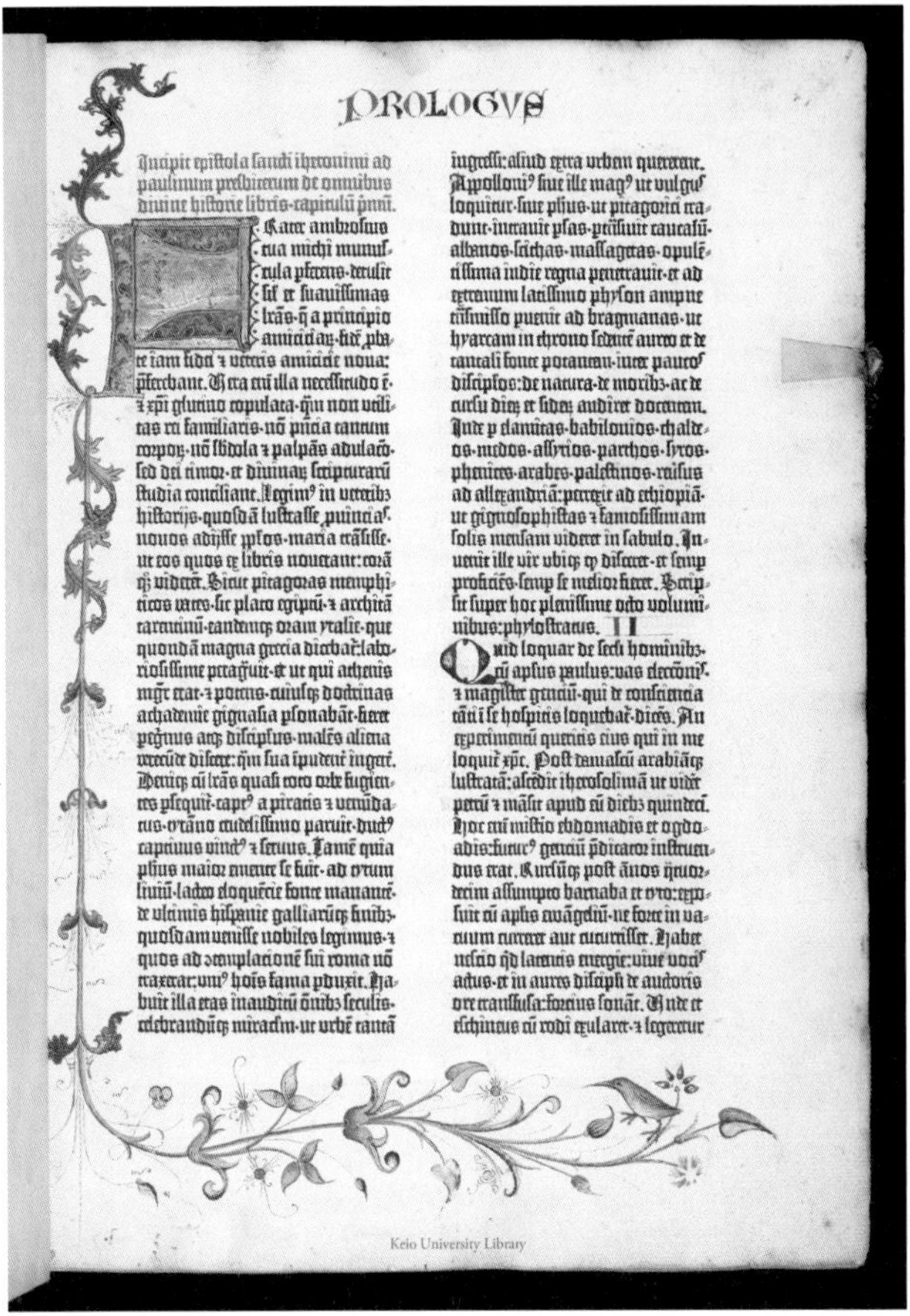

PROLOGVS

Keio University Library

ちは頻発した。現代の校正漏れのようなものである。

そして十五世紀にグーテンベルク登場。

活版印刷が始まり、本が広まったのでしょう？

「はい、たしかにそうなのですが……。判型は大きくて重いし、書体はゴシックで厳しくて大仰で。持てないので、机に置いて恐る恐るページを繰る、という本でした」

アルベルトが書棚からグーテンベルク関連の図録を抜いて、見せてくれる。

ドイツ人のヨハネス・グーテンベルクが初めて活版印刷をしたのは、一四三九年頃とされている。あっという間にヨーロッパ各地に活版印刷は広まった。当時、交易で栄華の頂点にあったヴェネツィア共和国には、異国から未知の商材や情報が次々と上陸していた。買う人売る人、考える人が各地から集まってくる中、新規の商機を見つけようと、投資家たちも虎視眈々としていた。

知識は財産である。知識を入手し、まとめて、広める。それは、未来への確かな投資である。それまで手で書き写すか木版で印刷するしかなかった知識を、活版印刷のおかげで迅速に大量の部数を再生産することができるようになったのだ。

〈これからのビジネスは、出版だ！〉

今私たちがノート型パソコンやデバイスを持ち歩くように、各々の活版印刷機を担いで出版人や印刷のプロたちが、本の元となる情報の拠点ヴェネツィアに集まり始める。

短期間で、ヴェネツィアはヨーロッパの出版の中心となった。十五世紀の時点では約五百万冊の本が作られていたとされるが、活版印刷が導入された十六世紀には一気に二億冊まで増えたとされている。

さて、書店主アルベルトが〈本の恩人〉と呼ぶアルド・マヌツィオは、ローマ近郊出身のイタリア人である。ラテン語にも古典ギリシャ語にも長け、教皇庁にも接点があった教養人だった。

〈文芸を出版したい〉

世の中の中心、ヴェネツィアへ上る。さっそく出版人として活動を開始するが、当時、本としてまとめられていたのは、もっぱらキリスト教関係の教義書や医学書、法学書に限られていたうえ、すべてラテン語のみだった。グーテンベルクが大々的に知られるきっかけとなったのもやはり、ヨーロッパで初めての聖書を活版印刷したからだった（一四五五年『グーテンベルク聖書』旧約・新約聖書　ラテン語版）。

大きい。分厚い。重い。華麗な装飾。高価。限られた人たち向けの内容。

こうしたグーテンベルク印刷の特徴をすべて逆にした本を、アルド・マヌツィオは作ったのである。つまり、小さく、薄く、軽く、簡素な装丁にし価格を下げ、当時の人気書体を調査して流行写本家を雇い、美しいオリジナル書体を創り出した。出版社ブランドの始まりであり、著作権もここから生まれていく。

他の追随や模倣を退けたオリジナル書体に加えてイタリックも考案し、一行に収まる字数を増やすのにも成功。手軽な形状ながらも、大型本に引けを取らない潤沢な内容を詰められるようにしたのである。

一五〇一年、ヴェネツィアで、マヌツィオ印刷所が八つ折りのコデックスを刊行する。世界で最初の文庫本が誕生した瞬間だった。それまで本は、非常に高額の出版費用の援助を受けて、依頼のもとに印刷されていた。現代のオンデマンド出版や自費出版のようなものである。刷り部数も少なく高価な本は、依頼主である一部の富裕層や専門家たちが私設図書館で恭しく読むものだった。それがマヌツィオの考案した文庫判のおかげで、どこにでも気楽に持ち運びができて、歩きながら読める本が生まれたのである。

いつでもどこでも、読書ができる。

劇的な出版革命だった。これを機に、若者や女性も本に親しむようになった。

さらにマヌツィオは、意欲的に自社企画で詩も本に編み始めた。本が文学を運び、文学が読者を広い世界へと連れ出した。

現在こうして自分が書店を営めるのも、ヴェネツィアの出版人アルド・マヌツィオのおかげ、とアルベルトは私にその本を贈ってくれたのである。

ページをめくると、碇に勢いよく絡むイルカが描かれている。

〈ゆっくり急げ〉

アルド・マヌツィオの本作りの気構えを象徴する書票だ。

遠くモンテレッジォからトルバドゥールが、フリードリヒ二世が、ダンテが、マラスピーナが、〈いよいよ本の入り口まで来ましたね〉とエールを送ってくれているような。

「活版印刷といえば、十五世紀にモンテレッジォの北東にある山村で印刷所を開いた人がいたらしいのですよ」

私がグーテンベルクやアルド・マヌツィオの話をすると、電話の向こうでジャコモがそう返した。

行ってみましょう、ぜひ。

また、山だ。

その村は、フィヴィッツァーノという。検索しても、ごく簡単な情報しか見つからない。

中世以降、つい数年前まで繰り返し大地震に見舞われ、そのたびに大きな損壊を被ってきた。大雨による土砂崩れもあった。電車も通っていない。不運と時の流れにより、現代的な発展から取り残されてしまったように見える。

村のＨＰに、〈印刷博物館〉という名所案内が掲載されている。電話を何度もかけてやっと繋がった役場は、「責任者は不在です」と、返した。

本の行商人を主題にして歴史や背景を調べていること。そちらの村にはグーテンベルクと同じ時代の十五世紀にすでに印刷所があったらしい、と聞いたこと。印刷博物館を何とか見学したいこと等々、私は懸命に説明した。

「お問い合わせをありがとうございます。たしかに、十五世紀に村には印刷所が存在しました。本も出版していたのです。印刷博物館は、村の篤志家が私財をなげうち、歴史的な資料を集めて開館したのですが……」

電話の向こうで、役場の男性は黙ってしまった。

度重なる災害。人口流出。過疎。村は今、青息吐息（あおいきといき）なのである。博物館を建てた篤志家も他界してしまった。

『一時休館中』と、HPでは案内をしていますが、残念ながら再開にはまだまだ時間がかかるかと……」

訪問できないと知ると、ますます興味が募った。

ダンテが過ごした山からも近い。草稿がその村で印刷され、人知れずに眠ったりしてはいないか。空想して、焦れる。

フィレンツェ寄りの山奥にあるこのフィヴィッツァーノ村は、北イタリアの各地と海を繋ぐ道の途中にあり多様な情報が流れ、経済が動いていた。知ることは財産なのだ。知識を印刷して豊かになろうと考えた人が、十五世紀にこの山奥にもいたのは不思議ではない。

早速、ジャコモに連絡をする。

十五世紀の出版は、もっぱらヴェネツィア中心だと思っていた。それがモンテレッジォのすぐ近くにも、印刷所があったとは驚きだ。本の行商人が生まれた理由を知るために、本にまつわる話があれば些細なことでも拾いあげたい。一つ一つは小さく無関係のようでも、欠片を組み合わせていくうちに点と点が繋がり、線となって次第に形が見えてくるのではないか。印刷博物館の見学が無理であっても、せめて建物の外観だけでも見てくるつもり。

そう私が話すと、

「一日待ってください」

ジャコモはそれだけ言い、いつものように素っ気なく電話は切れた。


前夜からの大雨で、冷え込んでいる。あれからジャコモはその日のうちに、印刷博物館を創設した篤志家一族との接点を見つけ出して教えてくれた。早速連絡をしてみると、〈ぜひ見学してくださいますように〉と快諾してもらった。一族の遺族は高齢のため、付き添い人を同伴して案内してくれるという。

大山鳴動(たいざんめいどう)して鼠(ねずみ)一匹、だったらどうしよう。

卓上の紙の山がこちらを見ている。行け、我が想いへ、だ。


フィヴィッツァーノは、思ったよりも大きな村だった。緩やかな起伏の、表情豊かな佇まいだ。石造建築や石畳に、中世からの時間が積み重なっている。バールや菓子屋もちらほらとある。住宅はよく手入れされていて、村の外郭には土起こしされたばかりの畑が見える。あいにくの雨で人通りは少ないが、八十余ある分村を合わせると八千人近い人々が暮らすという。

待ち合わせに現れたのは、英国風のトレンチコートに五十歳前後の

MUSEO
DELLA
STAMPA
Jacopo
da Fivizzano

女性だった。ラーニャです、と強いドイツ訛りのR音混じりの自己紹介をされて、てっきり地元の人が来るのだろうと思っていたので驚いた。

どういう因果でドイツからこの山村へ？　と不思議がる私に、

「そういうあなたも、なぜ日本からこちらまで、ですわね」

と笑った。

結婚後イタリアに移住して二十年余りになるという。子育てを終えて、ゆとりができた。若い頃、展覧会や音楽会などの文化事業の企画運営に携わった経験があった。

「各地のことをもっと知ろうと、〈イタリア料理学会〉に入会したのです」

地域の特性を食を通じて国内外に伝える活動をする。全国の老舗料理店や郷土史研究家、農業、漁業、牧畜業関係者を訪ねて、知己が増えた。若い頃の経験が買われ、地域の文化振興事業を手伝うようになった。食文化の伝統を調べることは、その土地の盛衰の歴史を知ることでもある。ハレとケの食卓。冠婚葬祭は人間関係の縮図だろう。

不思議な力に引かれてやってきた人がまた一人、ここにいる。

ラーニャと話しながら、高台へと向かった。印刷博物館は、見晴らしのよいところにあった。形は異なっても、これもやはり監視塔に変わりない。華美な修飾はなくどっしりとして、真摯な印象だ。私邸というよりは裁判所のような、学校のような、あるいは軍隊の駐屯所のような雰囲気がある。ファントーニ・ボノーニ宮殿。

「もともとは、十七世紀に貴族ファントーニ家が私邸として建立したものでした」

ファントーニは、才覚ある文学者としても有名だったという。都(みやこ)の粋(いき)と教養を象徴するような人物だったに違いない。この自邸に文学者たちを招待しては、皆で古典を読んだり詩作したりしていたという。

「ようこそ！」

いざ博物館の中へ入ろうとすると、背後から声をかけられた。

「ボノーニです」

杖(つえ)に身を任せ白いパナマ帽の縁に軽く手を触れて、老館長が立っていた。手入れしたばかりなのだろう。鼻下のひげは美しく切り揃えられ、大きな目を覆うような眉毛とともに、銀色である。真紅の縁のメガネが、老人の眼差しを若々しく見せている。薄い灰色のスーツに同系色のベストを合わせ、レジメンタルのネクタイの赤が映える。

この館で詩を詠んだファントーニ侯のことを考えていたので、時を越えて当人が目の前に飛び出してきたのか、と思わず小さく叫んでしまう。

老館長は笑いながら、

「ようこそ〈本と運命〉の館へ！」

再び恭しく歓迎の挨拶をした。

え、本と運命、ですって？

「博物館を創設した亡兄と私の、ライフ・ワークのテーマです」

老館長は細い声を振り絞るようにして、荒れ放題だったファントーニの屋敷を二十年余りかけて修復したこと、そこへ村の栄誉ある歴史を収蔵し世の中に広く伝えていこうと決めたこと等々、訥々と話し続けた。

「フィヴィッツァーノは、本とそれを取り巻く運命を見守ってきた村でした」

ジャコモやマッシミリアーノ、セルジォやミルコと同様、本に魂を捧げた人が、ここに

も また一人……。

一四七一年、村からヴェネツィアに移住した若者がいた。ヤコポという。グーテンベルク以降、活版印刷の好況に沸くヴェネツィアで本作りを習得するためだ。印刷と出版のノウハウを習得したヤコポは、鋳造活字から印刷機までオリジナルを開発した。イタリア製の活版印刷機の第一号ではないか、とされる。

ヤコポは故郷に戻るや、投資家から援助を得て印刷所を開業した。当時の売れ筋だった哲学や法学などをラテン語で出版するが、売れ行きは芳しくなかった。一年で閉業。彼はヴェネツィアに戻ってしばらく働いた後、一四七七年にフィヴィッツァーノに帰ってきて印刷・出版業に再度、挑んだ。しかし、低迷。

その後二度と再び、ヤコポは故郷で印刷・出版業を営むことはなかった。廃業した翌年を最後に、彼の足跡はぱたりと途絶えている。

「進取の気性に富んだ若者だったのでしょう。たとえ最新機器で刷ることができても、企画の的が外れていたのかもしれませんし、山村では適当な読者が見つからなかったのかもしれません。印刷や綴じの熟練職人も必要ですし、印刷顔料や紙も高額でしたからね」

ハードにソフト、コストパフォーマンス。十五世紀も現代も、本作りの労苦は同じではないか。

薄暗い館内を、老館長と並んで歩く。上階の奥の部屋に着くと、彼は背を伸ばしてあるだけの力で北側の鎧戸(よろいど)を押し開いた。

窓いっぱいの山。雨に湿った空気が、甘い緑の匂いを含んで流れ込む。

「亡くなった兄は医者でしたが、文学者でもありました。心からヤコポを尊敬していました。それで、二万冊を超える古書を蒐集しましてね。〈本と運命〉というテーマで博物館として残そう、と半生を捧げたのです」

この山奥でイタリア製の活版印刷機が使われていたことを知る人は、どれほどいるだろうか。堆積していく時の間に、名も知れない人たちの記憶が挟まり、沈んでいく。

箱に保管された鋳造活字は、もう誰からも組まれることはない。五百年余り前、このたくさんの文字型から、どのような本が印刷されたのだろう。編まれずに置き去りにされた言葉が、拾われるのを待ち続けている。

隣の部屋には、ずいぶん古めかしいタイプライターから現代のワープロまでが、ずらりとガラスケースに収納されてある。

「一八〇二年当時、この屋敷で暮らしていたファントーニ家の末裔アゴスティーノが、タイプライターを創りました。一族は代々、文学の才能に長けていた。アゴスティーノもその妹も、無類の本好きでした。ところが、妹は病のために失明してしまう。兄のアゴスティーノは、妹が書き記せるようにと、この屋敷でタイプライターを考え出しました。世界で最初のタイプライター、と言われています」

キィを打つ音が遠くから響いてくる。

紙に記されなかった言葉、散逸してしまった印刷のページ、一冊の本として綴じられることのなかった束、書棚に置かれたまま眠る古書……。

〈ゆっくり急げ〉

モンテレッジォへ戻ろう。

9　夏のない年

車から降りると、草いきれに包まれる。夏も中盤だ。

モンテレッジォ。

数度訪れただけなのに、懐かしい場所へ戻ってきたようで気持ちが和む。

〈本を売り歩こうと思ったのは、豊かな森を資源にした製紙工場があったからではないか。いや、名うての出版社があったのかもしれない。あるいは、教育熱心で読書好きな土地柄だったのかも〉

山村が本と関わってきた経緯は簡単にわかるだろう、といざ現地へ行ってみると、あるのは石と栗の木と坂道だけだった。老舗出版社はおろか、書店やキオスクも、学校もなかった。そもそも人がいなかった。

現在（二〇一八年時）モンテレッジォの人口は、三十二人である。男性十四人、女性十八人。そのうちの四人が九十歳代だ。就学児童も六人いるものの、村に幼稚園や小・中学校はない。

食料品や日用雑貨を扱う店もない。薬局や診療所もない。銀行もない。郵便局は、三十年ほど前に閉鎖されてしまった。鉄道は通っていない。山の上まで行くバスもない。

村は老いて、枯れている。

〈こういう村から、なぜ本が？〉

これまで訪れるたびに帰路の時間に急かされて、村の人たちとの話を途中で切り上げなければならなかった。他愛のない世間話かもしれなかったが、後ろ髪を引かれた。村は小さく、十分もあれば見て回れる。しかし、知りたいのは景観や略史ではなかった。

バールの奥でぽつんとひとり、新聞を読んでいた中年男性。ときどき顔を上げては親しげな、あるいは乞（こ）うような目でこちらを見ていた。

路地端の椅子に座っていた老人。着古した帽子や服の中で痩せた身体が泳いでいた。足の間に挟んだ杖に上半身を預け、身じろぎもせずに空（くう）を見ていた。道標の石碑のようだった。前を通るとき小さく会釈すると、あっ、と笑いかけるように口を開け何か言いかけた。

ビニール製の玉暖簾が下がる玄関前に座っていた老女。こんにちは。老女は耳に震える手を添え、聞き返そうとした。娘なのか嫁なのか、家から出てきた五、六十代の女性から、「奥でお茶でもいかがです?」と、愛想良く招待された……。

一人ひとりの影は細く遠くへ伸び、山間に静かに重なっている。


「春過ぎから、他所に移住した人たちが三々五々、村に戻ってきます。八月半ばには子連れの家族も集まって、人口は二百人を超えます」

村祭りに合わせて帰郷するのだ、とジャコモは言った。

「いや、一堂に会するから祭りになるのです」

マッシミリアーノは嬉々として、だから夏にぜひ、と誘った。

祭りには、村の名産品の市が立つ。村の自慢の品は、本である。各地に散らばっていった村人たちが、本に呼ばれて帰ってくる。夏の村祭り、古本市に行けば皆に会えるのだ。本の行商人の末裔たちに。


そういうわけで今日、夏のモンテレッジォにやってきた。鬱蒼と繁る雑草で、道は緑色に染まっている。村へ続く坂道沿いの食堂へ入る。すでに帰郷しているジャコモたちと、そこで待ち合わせている。

陶製のタイル敷きの玄関ポーチは広く、三、四卓を囲んで先客たちが談笑している。着いたばかりなのだろう。それぞれの足元に、旅行鞄やリュックサックが置いてある。客どうし知り合いらしく、テーブル越しに近況を尋ね合う声が行き交う。老若男女入り混じり、各々のイタリア語のリズムや抑揚は微妙に異なって、いろいろな楽器の重奏を聞くようだ。

中に入って、驚いた。悠々、百人は入れるのではないか。食堂というより宴会場である。けれどもテーブルクロスが掛かっているのは窓のそばの数卓だけで、残りの数十卓は木の面を剝き出しにしたまま放り置かれている。塩胡椒やオリーブオイルと酢の瓶、卓上用の造花の束、使いさしのロウソクが、一卓にまとめ置いてある。もうずいぶん長い間、使われていないのだろう。

三十二人の生活に、いつこの広い食堂が必要なのだろうか。

窓際に座りぼんやり考えていると、女子中高生の年頃の三、四人が入ってきて、私にもじもじと小さな皿を差し出した。焼きたてらしい菓子が載っている。ひと目で手作りとわかる素朴さで、優しい甘さがほのかに香る。

「古本市によくいらっしゃいました」

少女二人は、ジャコモとマッシミリアーノの娘、と自己紹介した。すると背後から、

「弟です」「僕は村に住んでいます」「わたし、トリノから来たの」「私はこの子の姉です」「おれはいとこ」……。

わらわらと現れた小学生たちと年長の少女たちに連れられて食堂を出ると、道を挟んで向かいの高台から「おーい」と声がした。ジャコモが父セルジォとベランダに並んで手を振っている。

村に入る。広場から路地伝いに、古本の露天商たちが台を連ねている。本の山の前で、子供たちが笑ったり泣いたり。犬が走る。店主と客たちの雑談。本をめくる紙の擦れる音。

ひからびて硬くなった村の隅々まで温かい血が流れ始め、村が息を吹き返す。

露店をひと通り見たあと、村の外周に沿って小道を伝い、ジャコモの家に着いた。満面の笑みで、老父セルジォが私を出迎えた。

「どうです。村一番の眺めです。明朝あなたが窓を開けてご覧になる景色を、私もいっしょにここから楽しみますよ」

眼下の食堂の向こうに、山が十重二十重に連なっている。

「今、上っていらした小道を抜けて、あそこの脇を入る。それが、隣村ポントレモリへの近道です。村から行商へ出かける男たちが通った道でした」

セルジォは、食堂の横を指差して言った。低木や雑草が密生し、道など見えない。山裾に沿う本道では、遠回りだったのだろう。藪に頭から捻り入って進むような獣道である。

「マウッチというのが私どもの姓ですが、モンテレッジォには同じマウッチ姓の家がいくつかありましてね。本の行商をしたマウッチ家もありましたが、うちは本との関わりはありませんでした」

今、九十歳のセルジォから三代前のマウッチ家には、一八〇〇年代初めに事業で成功を収めた女性がいた。嫁ぎ先のゲルフィ家が、パリで剃刀の替え刃の製造販売を始めて大きく当てたのである。

一八〇〇年代は、〈男子たるもの〝ひげ〟〉という風潮だった。職業や年齢、身分にかかわらず、誰もがひげを蓄えた。成熟した男らしさと知性のシンボルだったからだ。古代ローマでは、少年が成長していくときひげを剃らせなかったという。ひげをあたって初めて、少年は成人になった。ひげ剃りは、男になる儀式だったのである。

ひげの品格は、剃刀にかかっている。「ゲルフィの切れ味は抜群」と、評判を呼んだ。一八〇〇年代の男の顔を担ったのである。ゲルフィ社は代替わりし、並み居る競合に負けまい、と新商品を考案した。研ぎ石である。

「剃刀で成功した親戚から勧められて、私の祖父はモンフェッラートという、ジェノヴァからトリノへ向かう途中の村へ移住し、研ぎ石の製造を始めました」

セルジォの話を聞きながら、私は唸っている。

石でできた村モンテレッジォを出た村人が、移住した先でも石から生きる糧を得たなんて……。

採石して、切り揃える。ごく単純な製品である。それでも、「マウッチ製のは違う」と、よく売れた。石を見る目があったのか。石の活かし方を心得ていたのか。やがてマウッチは、皮革製のベルトに独自に開発した糊で研ぎ石を貼り付けて売るようになった。

何せ町じゅうが、ひげ面であふれていた時代である。理髪店でひげの手入れをすることは、男の身だしなみの基本だった。理髪店は、こぞってマウッチ製の研ぎ石を買った。けっして革ベルトから剝がれない、堅牢な石。簡素極まりないが、実直で信頼できる石。研げば、刃は切れ味を発揮した。主役の値打ちを引き立てるような、石。

「石を売って得たお金でモンテレッジォの高台に家を建てた後、立派な石造の墓を造りました」

富を得ても、向かった先はパリでもロンドンでも、フィレンツェやミラノでもなく、故郷モンテレッジォだった。生きた証として遺したものは別荘や贅沢品ではなく、帰る家と先祖を祀るための墓だった。

石から生まれて、石に還る。墓を守る。祖先を敬う。歴史を伝える。

「祖父はそこそこの財を成しましたが、早くに妻を亡くしてしまう。四人の幼子を抱えて立ち往生し、とうとう研ぎ石工場を廃業してモンテレッジォに戻りました」

しかし山村には男やもめの子育てを助ける手はあっても、新事業を繁盛させる土壌はなかった。貯えで食い繋ぐ生活が続いた。それでもセルジォの祖父は自宅の一部を村に提供し、そこに村で初めての学校ができたのだという。

「祖父は村の未来のために、子供たちに読み書きの楽しさを遺したかったのだと思います」

石が本へと道を繋ぐ。

横で静かに父セルジォの話を聞いていたジャコモが、古い書類のコピーを見せてくれる。村の公文書だ。学校の略史が記されている。

イタリア半島が王国として統一されたのは、一八六一年のこと。一八六八年付けの公文書には、モンテレッジォの教師として男性の名前が残されている。おそらく周辺の山村を一校区にまとめ、村を巡回して教鞭を取っていたのだろう。当時、学校に行けるのは男子に限られていた。

そして一八七七年、三年間の義務教育制度が制定される。

翌年の公文書によれば、モンテレッジォの人口は八百五十六人。男子校と女子校がそれぞれ専属の教師を伴って創設されている。男子校三十二人（六歳未満が三人、六〜十歳が二十二人、それ以上が七人）、女子校は十八人（六〜十歳が十三人、それ以上が五人）。

飛んで、一九一一年。学校の記念写真が残っていて、六十六人の生徒が写っている。

マウッチ家の中の、小さな学校は、その後も一九四〇年くらいまで続いたという。

「男の子と女の子が入れ替わりでやってきて、賑やかに勉強していたのを覚えています」

ここを勢いよく滑り下りたりしてね、とセルジォは感慨深い面持ちで階段の手すりに手を置いている。

長らく村の経済は、自給自足や物々交換だった。春になると山を越えて北イタリアの荘園農地へ出稼ぎに行き、秋の収穫を終えると村に戻り家族と冬を過ごす男たちも多かった。モンテレッジォに限らず、農耕地が少ない寒村ではどこも似たりよったりの暮らしぶりだっただろう。

一八〇〇年代のある年を境に、村人は行商へ出かけていくようになった。モンテレッジォのささやかな産業革命だったのかもしれない。マウッチ家の先祖が他所で剃刀や石を売り始めたのも、ちょうど同じ頃だったのか……。

時代の移り変わりを考えていると、

「でも農業から商業へ突然に生き方が変わったのには、何かよほどの事情があったからではないかと思いまして」

ジャコモがイタリアの地図を広げる。

「それまでモンテレッジォの経済は、この一帯に依存していました。マラスピーナ家をはじめとする、荘園領主の土地でした」

仕える先の情勢が、そのまま従属する町村の先行きも決めた。運命共同体である。

「史実を調べていて、一八一六年が〈夏のない年〉だったと知りました」

〈夏のない年〉。一八一六年、北ヨーロッパ、アメリカ合衆国北東部およびカナダ東部の各地で、五月の霜に続き六月の吹雪や深い積雪、七月、八月には河川や湖の凍結、三十度を超える気温が数時間のうちに零下まで激変するなどしたため、農作物がほぼ全滅する事態となった。この異常気象は、一八一五年までの数年間にカリブ海やインドネシア、鹿児島、フィリピンで火山が次々と噴火し、大量の火山灰により太陽光が遮断されたために起こったとされている。

北イタリアでは、麦と桑が全滅した。つまり、主食と産業の要だった絹が忽然と消滅してしまったのである。

「それまでモンテレッジォが頼りにしてきた農地では、働き口どころか農業そのものがなくなってしまったのです」

夏がなかった年は、その後の秋も冬も雨が降り続いた。中国やインドでは、大雨で洪水が起こりコレラが蔓延した。疫病、飢餓、鬱屈。人々は怯えていた。

「でもモンテレッジォの人々は、もともと糊口を凌ぐのには慣れていましたからね」

〈何かを売りに行かなければ〉

まず村人たちが籠に入れて担いだのは、聖人の祈禱入りの絵札と生活暦だった。カレンダーのようなものだが、月齢や日食、占い、季節ごとの行事など、暮らしに役立つ情報が書き込まれてあった。天変地異に慄き飢餓に苦しむ人々にモンテレッジォの行商人たちは、神からの加護と、大地と天に暮らしの拠り所を再び見出して、との励ましを届けたのである。中世、人々が世の中の好転を感謝し聖地巡礼に歩いたのと同じ道を伝って。

ああ、そうだったのか。

ジャコモたち有志が結成した組織の名前を思い出し、今さらにひざを打つ。名前は、『モンテレッジォの〈マエスタ〉（聖母子像）』である。

母が子を抱き、守るように。

それこそが、荘厳なこと。

〈痛恨の後には、また喜びも訪れる〉

モンテレッジォに古から伝わる心根に出会う。

近世の普通の人々の生活光景は、どうだったのだろう。

中世からルネサンス時代への過渡期、絵画でも宗教から離れて市井の人々が主役として描かれるようになった。中でもよく知られる、十六世紀のボローニャ派のアンニーバレ・カルラッチの『職業』という作品群を見てみる。

桶を売る人、堆肥を担ぐ人、香、籠、帽子、秤、漏斗、野菜、肉、パン、干物……一人一種で、食材や加工食品、日用雑貨や服飾品、道具を肩に担いで行く人たちが並ぶ。その様子は歩く商店だ。

中の一枚に、〈本を売る人〉があった。籠いっぱいに本を詰め、それでも足りず服のポケットにも入れている。一冊を広げて前に掲げ持ち、口元に笑みを浮かべて歩いている。

おや？　どこかで見たことがあるような。

「モンテレッジォの広場にある本の行商人の石碑は、この名作を元にして彫ったものなんです」

ジャコモが笑った。

一五〇一年ヴェネツィアでアルド・マヌツィオが活版印刷を使って文庫判を出版して

からわずか数十年で、こうして籠に入れて売り歩かれるほど本が暮らしの中に浸透していたのか、と興味深い。

しかし絵に残されているとはいえ、義務教育制度ができるのは一八〇〇年代も半ばを過ぎてからのことである。一五〇〇年代にすでに読み書きができた人たちの数は、かなり限られたものだっただろう。それでも本の行商が職業として成り立つほどに、本は売れていたのだろうか。

モンテレッジォの行商人が売り歩いたのは、最初は本ではなかった。聖なる御札だった。小さな紙片で、お守りのようなものだ。買っても、聖人の絵の下に書かれた祈禱文を読めない人がほとんどだった。御札や暦売りがやって来ると人々は広場に集まり、行商人が御札に書かれたことを説明したという。しかし、行商人にも文字の読めない人はいた。御札を預かり受けるとき神父から説法を聞いて覚え、まるで自分が読んでいるかのように熱心に説明したのだろう。御札を運びながら自分への加護も祈っていたのかもしれない。

本と祈り。聖なる道、か。

聖なる頂点、ローマ教皇について調べてみる。

ヨーロッパの歴史の主軸は、キリスト教の歴史だろう。本の歴史も、すなわちキリスト教の歴史といってもよい。

中世から近代にかけての歴代の教皇たちを調べてみると、アペニン山脈からリグリア海への一帯の出身の教皇がいた。大理石の採石地のカルラーラと隣接するサルザーナという町に生まれた、ニコラウス五世だ。

一四四七年に教皇に登位するとすぐ、ローマの復興事業に取りかかっている。まず、サン・ピエトロ大聖堂の再築構想を掲げた。キリスト教の教会建築として世界最大、床面積二万三千平方メートルが、倒壊寸前の危機にあったからだった。在位期間が八年間と短かったため工事は中断したが、このローマ復興計画を皮切りに、教皇の地元カルラーラからは莫大な量の白い大理石がローマへと搬出されていく。

一四四八年ニコラウス五世はさらに、バチカン図書館を創設する。代々の教皇から引き継がれたラテン語や古代ギリシャ語、ヘブライ語の古写本三百五十点で開館した。

ニコラウス五世は、〈キリスト教関連の本なら、金に糸目を付けずに買い上げる〉と布告を出していたらしい。蔵書を増やすために、ヨーロッパ全域の富裕者や教会、知識人たちから稀少な本を買い集めようとしたのだろう。

教皇は、生まれ故郷から石を買ってローマ再建に取り組み、同じ石で図書館を創設した。

石が本を呼び、抱えて守る。

聖母子像。荘厳なる……。

籠いっぱいに聖人の守り札を詰めて、モンテレッジォの村人たちは行商の旅に出た。往路は神のご加護を届けるために。帰路には、各地で聞いたキリスト関係の本の情報を詰めて。神の言葉を運ぶ行商人には、神々しい本の情報が届いたのかもしれない。本の行商とは、本を売るだけの商売ではなかったようだ。現代の書店が、本を売るだけの場所ではないように。

37
il becco
giallo
NORA
Il moro
invisibile

10 ナポレオンと文化の密売人

アペニン山脈。イタリア半島の北部から南部までの、約千三百五十キロに及ぶほぼ全域を縦貫（じゅうかん）する。イタリアの背骨だ。北・中央・南に区分される。本の行商人の故郷モンテレッジォは、北アペニンの真ん中に位置する。

長年、貧しさに慣れてきた村だった。自給自足の暮らしに不足が出れば、男たちは北イタリアの農業地帯へ長期間、働きに行った。しかし一八一六年の異常気象で北部イタリアの農業が壊滅的な被害に遭い、モンテレッジォにも大きな変化が訪れる。

〈他力本願では駄目だ。自分たちの力で生活を守らなければ！〉

しばしば不運は、底力と未来への好機を連れてくる。

どん底で、村人たちは籠を担いだ。売れるものは何でも売ろう。買ってくれる人が見つかるまで、進もう。売り切れたら仕入れて、もっと前へ行こう。

山に入って拾い集めた野生の栗。干し茸。わずかに採れる栗の蜂蜜。枯れ枝をまとめた束。栗を燻して挽いた粉。教会から集めた聖人の御札や暦……。

国境を越え、ベルギーやフランスまで足を延ばした者たちも多かった。辛い農作業に慣れてきた村の男たちは、異国での肉体労働にも籠を担いでの行商の長旅にも、少しも屈しなかった。村で男たちの帰りを待つ女たちも、弱音を吐かなかった。長い留守を明るく気丈に守った。村は固く結束した。石のように。

一八〇〇年代の村役場の記録を見ると、ベルギーでは鉱山で働いた者も大勢いたようだ。

鉱石を採掘する際に出る岩や石の大半は、砕いて建築資材などにするしか使いようがない。鉱山に出稼ぎに行ったモンテレッジォ出身者たちは、その石を拾い集めた。帰郷の道すがら売り歩いたのかもしれないし、あるいは他所を行商中の同胞を呼び寄せ、代わりに仲間が背負って他へ売りに行ったのかもしれない。

その岩や石の中に、セルジォとジャコモ・マウッチ親子の祖先が売った、砥石の原石もあったらしい。移住先のパリで剃刀を製造して成功した親戚の案で、刃を研ぐ砥石も売るようになったマウッチ家だったが、北イタリアの内陸の町に砥石の製造工場を作ったのは、そこで原石が採れたからではなかったようだ。

ベルギーから原石を運んでくる村人、イタリアのマウッチ工場で石切りした砥石を担いで発つ村人、別の町から次の場所へと売りに行く途中で立ち寄る村人……。

それは砥石の工場であると同時にモンテレッジォの副都心であり、仕事のサテライトオフィスでもあり、あるいは移動の途中にひと息吐いて情報交換するための寄り合い所でもあったのではないか。切りたての砥石を前に、故郷の栗の粉でニョッキを練り、皆で卓を囲んだことだろう。村の近況を尋ねたり、家族からの伝言も受け取ったりしたに違いない。

人と利益、情報が交差する地点。

まさにモンテレッジォが古来、担ってきた役割そのものではないか。

後年マウッチ家がやむなくその工場を畳みモンテレッジォに引き上げた際、いの一番に自宅を開放して学校を開いたのは、単に蓄財があったからというだけではなかっただろう。文字通り、重荷を道連れに暮らしていた同郷人たちの拠り所を担ってきたマウッチ家として、未来への道標を作りたかったからではないか。

引き続き、一八〇〇年代の行商人たちに発行された通行許可証の変遷を見る。

一八一〇年代に発行された通行許可証の職業欄にはまだ、〈石、および雑貨の小売り〉と記載されていたのが、一八三〇年代になると〈砥石と聖者の御札売り〉と変わり、一八五四年発行のパルマ公国内の通行・滞在許可証には、〈農業、歯科医および石売り。そして本も売る〉と記載されている。

〈そして本も売る〉。

この念を押すような追記は、行商の荷が石から本へと代わり新しい時代が始まる、という知らせのように読める。

それにしても、大衆が手にした印刷物といえばすなわち〈聖者の御札〉や〈暦〉だったのが、〈本〉へと移行していったのはなぜだろう。いくらマウッチ家が学校を開いたり神父たちが祈りを教えていたとしても、一八〇〇年代というとまだ読み書きのできない人が多い時代ではなかったのか。誰が何を読んだのだろう。どのように行商人たちは本を探し当て、仕入れ、売り先を見つけ出したのか。

一八一六年、〈夏のない年〉という天災に世界は打ちのめされた。生きるために人々の大移動が始まる。世の中が動く。

天災と同時に、欧州全域に吹き荒れていた旋風があった。

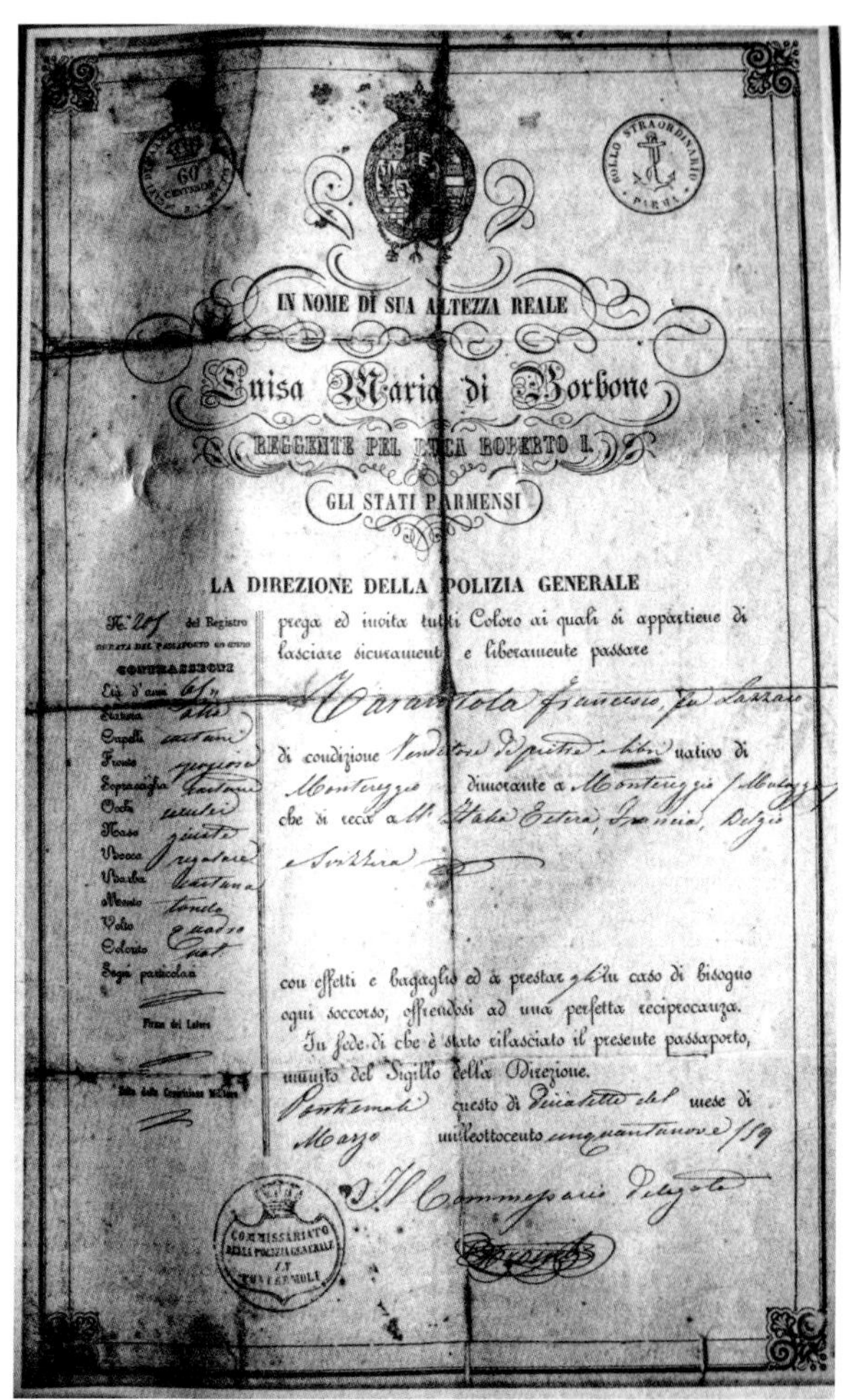

BOLLO STRAORDINARIO PARMA

60 CENTESIMI

IN NOME DI SUA ALTEZZA REALE

Luisa Maria di Borbone

REGGENTE PEL DUCA ROBERTO I.

GLI STATI PARMENSI

LA DIREZIONE DELLA POLIZIA GENERALE

N. del Registro

CONTRASSEGNI

Età d'anni
Statura
Capelli
Fronte
Sopracciglia
Occhi
Naso
Bocca
Barba
Mento
Volto
Colorito
Segni particolari

Firma del Latore

prega ed invita tutti Coloro ai quali si appartiene di lasciare sicuramente e liberamente passare

di condizione nativo di dimorante a che si reca

con effetti e bagaglio ed a prestar in caso di bisogno ogni soccorso, offrendosi ad una perfetta reciprocanza.

In fede di che è stato rilasciato il presente passaporto, munito del Sigillo della Direzione.

questo di del mese di milleottocento

Il Commissario Delegato

COMMISSARIATO DELLA POLIZIA GENERALE IN PONTREMOLI

ナポレオン・ボナパルト。

ヨーロッパの旧体制を根本から覆し、歴史の追い風となって時代の進化を速めた功労者だったが、またその特異な才能による成果は後続者に修正の余地を与えない、という弊害も残した。

もともとの名を、ナポレオーネ・ディ・ブオナパルテという。イタリア名のようだ、と思いながら家系図を遡ると、十三世紀のイタリア、リグリアの古都市ルナ近郊の出自、とある。紀元前にエトルリア人が大理石を採石して栄え、古代ローマが統治下に置いたあの町ではないか。モンテレッジォ村のごく近くの町だ。そうかイタリア人だったのか、いやリグリア人だったのか。

一七八九年フランス革命勃発。一七九三年ナポレオンは二十四歳でトゥーロン包囲戦に出征したのを皮切りに、天才軍略家として革命後の各地の混乱を収拾していった。その後、軍事独裁政権を樹立しフランス帝国最初の皇帝となるまでの軌跡は、偉業と奇襲の一覧だ。

ローマ皇帝の再来だった。優れた軍事や行政、司法の制度化に加えて、〈自由・平等・博愛〉というフランス革命の精神もヨーロッパに浸透させた。国民軍、荘園領主から解放された小作農、商店主などの小市民が、ナポレオン的社会の基軸となった。生命力の強い雑草が大地に根を張り、勢いよく繁っていくような光景だっただろう。底辺から上へ向けての発奮だ。

ナポレオンを通してヨーロッパの諸民族は、他民族からの解放や国家統一の意味を肌で学んだのである。


イタリアも例外ではなかった。ローマ帝国分裂以降、イタリア半島には常にさまざまな民族が侵攻を繰り返していたため、一つの大きな国としてまとまる時機を逸したまま千年以上が経っていた。そこへ、ナポレオンの登場である。イタリア半島じゅうに強い民族意識が再興した。それまで特権階級に限られていたことが、大衆の手にも届く時代が訪れたのだ。人々は目覚めた。

〈他力本願では駄目だ。自分たちの力で生活を守らなければ！〉

他国の支配から自由になり独立国家を築こう、という機運が高まった。一八〇〇年代半ばのイタリア統一運動（リソルジメント）の始まりである。

独立。どうすればよいのか？　世の中で起きていることを知らなければ。もっと、情報を！

そして、本である。

ナポレオン勢力圏では工業化が進み、暮らしにゆとりが出始める。それまでは、高額であり限られた内容だったため狭かった本の購買層も、少しずつ広がっていく。とはいえ、知識層に新入りした軍人や小市民たちは知識欲は旺盛でも、経済的な余裕はまだ十分にはなかった。

〈そして本も売る〉モンテレッジォの行商人たちの出番である。

村人たちは底辺の行商人だった。青天井で売る。町中の書店で売る本とは違っていた。価格も、格も、読者も。

当時の出版社の多くは小規模で、印刷も行っていた。編んで、少部数を刷り、売る。在庫を抱えている余裕はない。モンテレッジォの人たちは、そういう版元から売れ残りや訳ありといった本を丹念に集めて、代わりに売りに歩き始めたのである。鉱山で掘り出されたまま放置されていた石や岩を拾い集めて売ったように。

それまでの本を読む人たちとは異なる種類の人たちが、各地で行商人たちの運んでくる本を心待ちにした。書店は高価で難解な専門書ばかり扱っていて、敷居が高い。気軽に手に取り、好きなだけページを繰ってみたい。露店なら、いくらでも本に触れることができる。冒険や恋愛など、身近な内容の雑誌もある。気に入れば、自分たちにも買える本がある。何より、店主である行商人たちは丁寧に相手になってくれるのだった。各地を歩いて本を売っている村人たちの話には、臨場感があった。遠くまで行けなくとも、行商人たちと本を通して旅の道連れになった気分だった。皆、行商人たちの口上に夢中になった。野菜とパンを買ったら、本の話を聞きに行く。書かれていないことも伝えて

くれる。ページの余白や行間を読むように。

青天井で本売りを重ねるうちに、行商人たちは庶民の好奇心と懐事情に精通した。客一人ひとりに合った本を見繕(みつくろ)って届けるようになっていく。客たちにとって、行商人が持ってくる本は未来の友人だった。

高級ブランドの洋服は憧れだが、手頃な普段着は着るうちに肌に馴染んで手放せなくなるものだ。村人たちは、そういう本を売ったのである。読むことが、次第にその人の血肉となっていくような本を。

村勢調査によれば、一八五八年時のモンテレッジォの人口八百五十人のうち七十一人が、〈職業は本売り〉と記載されている。

どのような旅だったのだろう。

五十年ほど前に村人たちからの聞き取りで、一八〇〇年代後半から一九〇〇年代前半にかけての行商の様子が記録に残されている。

〈春が訪れると、本の行商人たちは同じ日に全員が揃って村を発ちました。海側のラ・スペツィアから北イタリアの平野部ピアチェンツァを抜けて、ミラノ、ヴェローナへと続く峠道の決まった地点に、本の行商人たちが集合するのです。

一九二〇年五月十四日。私は、やっと六歳。行商人たちを見送ろうと、他の子供たちと広場の隅に座っていました。父を含む大勢の村の男たちは、露店を広げる場所がかち合わないように、各自の行き先を念入りに振り分けました。売れ行きの良い本の題名を教え合い、それぞれ仕入れに行く出版社名を確かめていました。
私は、その光景に見とれました。かっこうよかった。頑丈な靴で足元を固め、地味な色の服を着て質素で、全員が本の包みを自分の脇にしっかりと引き寄せて置いていました。持ち物はそれだけでした。本が父たちの宝物だったのです。
各自の商い場所が決まると、男たちは荷物を担ぎ、握手を交わし、ちょっと冗談を言い合ってから、「じゃあ」と、手を上げてそれぞれの目的地へ向かって黙々と歩き始めたのでした〉

峠道で別れた後、本の行商人たちはどこへ向かったのか。大半が、中央から北イタリアの町を目指したという。

〈行商人たちは、ラクイラから南へは行きませんでした。最初のうちはどんどん南下してローマまで行ったのですが、読み書きのできる人が全然いなかった。本は全く売れませんでした。ちなみに当時、一番売れた町は、ボローニャでした〉

この頃の本の行商人たちは、各地の青空市場で商売をしていた。青果や鮮魚、パンにチーズ、精肉、鍋や箒（ほうき）と並んで、台に本を積んで売ったのである。青空市場は毎週一度、町の決まった場所に開かれるものと、夏祭りなどの年中行事に付随して立つ大がかりなものがあった。

〈私は十一歳でした。母に付いて、遠くの知らない町まで本を売りに行きました。両親はミラノで露店を出していたのですが、あまり売れなかったからです。

台も持たずに市場にやってきた私たちを見て、隣で店を広げていた人が吊るしていた売り物の絵を一枚外して、「台代わりに使いなさい」と、差し出してくれた。私が最初に本を売ったのは、絵の上の一メートル四方の店でした。

週中は両親がミラノで、土曜日曜は私も両親といっしょにその町まで出かけて行って売りました。何年かしてうちの台は二十メートルにまでなり、店員も五人に増えました。一日に十七箱を売り尽くしたこともあったのですよ。

毎朝四時に台に本を並べました。昔は、営業時間など決まっていませんでしたから。早くに台の前を農家の人たちが通ります。泥の付いた靴で立ち止まると、「『ピノッキオ』を一冊頼みます。一番きれいなのをお願いしますよ」と、買ってくれたからでした。

『白雪姫』『シンデレラ』『赤ずきんちゃん』『長靴を履いた猫』など、子供向けの本はよく売れましたね。とりわけクリスマス前は盛況でした〉

朝早くから夜遅くまで、雪でも猛暑でも、本を待つ人がいるのなら厭わず露店を開けた。日曜も祭日もなしに働いた。行商人たちはいつでも本を山と積み上げた台の側に立ち、客が来れば丁寧に相手をした。客の質問や感想はひと言も漏らすまい、と熱心に聞いた。一生懸命、客たちの目と手と本の動きを追った。

店舗を持たないので、かかるコストは自分たちの食費だけである。行商人たちは露店を畳むと大切な本を箱に詰め、傷まないように盗まれないように抱えて野宿したので、宿泊費もかからないのだった。そして費用の浮いた分、本の値段を下げたのである。

「休まず働くなんて、神の教えに反している」

「あんな破格で売られては、こちらの商売上がったりだ」

「本を売るのは、もっと教養のある人たちの仕事なのに」

多くの一般書店は、村の行商人たちを敵視した。

一方、出版社は規模や有名無名にかかわらず、モンテレッジォの行商人たちを大変に重宝(ちょうほう)した。既成の書店からはけっして知ることができなかった新興読者たちの関心や意見を、行商人たちのおかげで詳細に把握できたからである。大きな町ならまだなんとか市場の動向も読めたものの、いざ地方の小都市ともなると販売網の外である。行商人たちは、自らの足で回って漏らさず拾い上げて伝えた。道なき道を行くのは、村人にとって日常茶飯事だった。


自分たちの強みは、毛細血管のようにイタリアの隅々まで本を届けに行く胆力と脚力である。本は、世の中の酸素だ。皆で手分けして、漏れなく本を売り歩こう。それには、まず人材だ。

村の行商人たちは、子供たちに本売りの魂を教えた。

〈私はやっと小学校に上がったばかりでした。学校のないときは、両親といっしょに本を売りに行きました。冬の早朝、寒さで半ベソをかいていると、母が暖炉で焼いた小石

を私の上着のポケットに入れてくれたのです〉

〈十歳の夏、父から籠を渡されました。薄くて安い本がぎっしり詰まっている。胸元に掛けて浜を歩き、海水浴客たちに売ってくるように命じられました〉

〈小学校低学年だった頃、家に帰るとすぐ倉庫から手押し車を出し、均一価格の古本を積んで売り歩きました〉

〈オペラ劇場に出し物がある夜は、原作を担いで劇場前に店を張って観客に売りました〉

父親から子供たちは箱や籠を渡され、担ぎ方や歩き方、売り方のいろはを習った。

他の町からモンテレッジォの行商人のもとには、「鍛えてもらいたい」と、修業に送り込まれる子供たちも数多くいた。行商人たちは見習いの子供たちに道順を教え、一人で歩いて本を売りに行かせた。仕事が終わったら皆で落ち合う場所を伝えて送り出したが、夜になっても見習いたちが約束の場所に来ないことはよくあった。道に迷ったり、辛い修業を放り投げて家へ逃げ帰ったりしたからである。

六歳の子が重い籠を背負って、夜の山道を一人で歩く姿を思い浮かべて胸がいっぱいになる。

「モンテレッジォ人たちがしないで、誰がする。文化は重たいものなのです」

TRINGALI
OLAVARRIA 526
4301-8522 4303-0808
ALQUILA 540 m²

11 新世界に旧世界を伝えて

冬に訪れたときと村は一変している。

夏祭りを迎えて建物の鎧戸は全開し、開け放たれた窓のガラスに空と山が蒼々(あおあお)と映っている。

広場前のバールの外の席に座り、朝食を取りながら往来を眺めている。村にただ一軒のバールは、港のようなものだ。前の晩に着いた人、今朝発つ人、帰郷した知人に近隣の村から会いに来た人、遠くから本祭りに訪れた人たちが、ひっきりなしにバールに入っては出て声をかけ合っている。

エスプレッソマシーンは、休みなく蒸気を噴いている。店主は注文受けや勘定、洗いものに忙しいなか、ときどき半身を乗り出すようにしては店の軒下や路地に出したテーブルにも目をやっている。

日が高くなるにつれて、注文はカップッチーノやコーヒーからワインや食前酒へと移っていく。すると店主は、オーブンから焼きたてのフォカッチャを出し手早くひと口大に切り分け、あちこちのテーブルへ給仕して回る。フォカッチャごとに歓声と笑い声が上がり、夏から夏への報告にいっそう熱が入る。

かつて春夏秋と行商で遠隔地を回り、冬を越すために村に戻ってきたとき、やはりこうして広場に集まっては各々が見聞きしたことを話し情報を交換していたのだろう。

一人が席を立つと、すぐにまた次の客がやってくる。路地の奥で立ち話をしていた人たちが、そぞろ歩きでバールにやってくる。すると、店の内外の席がパラパラといくつか空いて人と情報が入れ代わり、後からやってきた人たちへと引き継がれていくのだった。

本祭りの主役は、各地から郷帰り(さとがえ)してくる村人たちと、各地から集まる露天商人たちだ。細い路地に本を並べた台が連なる。背後の石壁には、防水シートに焼き付けた古い写真が貼ってある。

写真には、イタリア国内外で露店を張ったり荷車を引いたりして本を売った村人たちが写っている。男たちに混じって、くるぶしまでのたっぷりとしたスカート姿で堂々と店頭に立つ女性の写真もある。モンテレッジォの広場に集合して、威勢良く笑う一同。揃ってスーツに山高帽の一張羅で、どこへ行ったのだろう。山道に群れる羊。追う犬。聖母の石碑前に佇む若い女性。幼子たちが石壁によじ登る。日覆いの下に山と積まれた本。手に取る客。それを見る店主……。

ふと振り返り村を眺め直してみると、写真の中と同じ光景が教会から広場へ、路地から家屋の間へ、山道へと続いている。

どこまでが過去で、どこからが現在なのか。

写真の中にも外にも共通するのは、たくさんの本に囲まれ楽しそうな人たちの顔だ。

「この人は、すぐ山境のパラーナという村の出身でして」

ジャコモに声をかけられて、我に返った。

「マウッチと申します。ジャコモと同じ名字ですが、血縁ではありません。うちのご先祖は、剃刀や砥石の行商人ではありませんでした」

紹介されたその男性はすぐ前の露店の台から一冊取って、〈売っていたのは、これ〉と、うれしそうに振って見せた。

そういえばフィヴィッツァーノ村の印刷博物館を訪れたとき、展示室に印刷関係の資料に混じって石碑の写真があった。

一八五〇 - 一九三七
出版人
エマヌエーレ・マウッチ
〝ヨーロッパを味わうための感性をアメリカに与えた〟

と記されていた。渡米して文筆で活躍した地元出身者なのだろう、程度にしか気に留めていなかった。目の前の人は、その子孫だという。

「彼もまた、本の行商人でした。残念ながら記録はほとんど残っておらず、私たち子孫ですら詳細はわからないのです」

そう言いながら、パラーナ村のマウッチ家の末裔は話し始めた。

それは、古めかしい本のページをそっと繰るようだった。本は酷い傷みようで、綴じ糸が解れて大半のページは欠落してしまっている。わずかに残っているページも虫に食

われたりで、繰ってもあちこちで話の流れが断ち切られてしまい筋はよくわからないのだった。

エマヌエーレ・マウッチは、一八五〇年モンテレッジォと山境の小村、パラーナに生まれた。五歳で父親を亡くし、荷が担げるようになるとすぐに村人たちに倣って、本の行商を始める。フランスまで売りに行っていたようだ。年端もいかない少年が、本を売って一家を支えなければならなかったのだ。辛酸を嘗める生活だっただろう。

一八六八年、十八歳になったエマヌエーレは、父親が遺した家を売った金を握りしめて帆船に乗り込んだ。すべてを賭けて、南米に移住することに決めたのだった。

三ヵ月に及ぶ船旅を経て、アルゼンチン、ブエノスアイレス州都のラ・プラタ市へ上陸する。アルゼンチンは、人口の半分がイタリア移民である。

〈移民は皆、祖国を遠く離れて寂しいだろう。イタリアの言葉を届けよう〉

上陸先でも、エマヌエーレは本の行商を始めた。行商人の唯一の宝物は本である。きっと本を大切に抱えて、イタリアから出航したのだろう。

懸命に働き四年後にはブエノスアイレスに移住し、町で最初の書店を開く。単身、裸一貫で渡った、伝手（つて）もない異国での起業である。

〈他力本願では駄目だ。自分たちの力で生活を守らなければ！〉

エマヌエーレを支えたのはやはり、石のように堅牢な意志と体力だったに違いない。

それから十一年後の一八八三年、軌道に乗ったブエノスアイレスの書店を、フランスで砥石の行商をしていた弟を呼び寄せて任せ、自分は再びイタリアへ戻ってくる。行商をしていた村人たちから、「今、スペインのバルセロナが活況だぞ」と聞いて、即、移住。まず現地に書庫を作り、機を見計らって書店を立ち上げた。

当時バルセロナの属するカタルーニャでは、長期に及んだ激烈なスペイン独立戦争の後、産業革命が急速に推し進められていた。工業化で経済基盤を固め、自治を取り戻そうとする民族意識が高揚していた。

他都市から大勢の労働者が、引きも切らず流入した。短期間で成り上がった資本家たちは、業突く張りで冷徹だった。労働者を思う存分に搾取し、自分たちだけが暴利を得ていた。カトリック教会や絶対主義のスペイン政府はそういう資本家たちをさらに優遇したため、大衆の間には不満が鬱積していった。

世情を監視するためにバルセロナの居住地区は古い要塞内だけに限られていたので、激増した労働者たちは重なり合うようにして暮らしていた。狭く、通気は悪く、汚臭と湿気が籠り、陽は差さず、疫病が蔓延した。人心は荒み、極悪犯罪も横行した。

このままでは経済発展が望めなくなる、という寸前でようやく一八六九年に要塞が取り壊された。以降、新都市計画が急ピッチで進められていく。広々とした住空間や道路、緑地といった新生バルセロナに、民衆は沸いた。町は希望と意欲に満ち、息を吹き返した。そこへ、エマヌエーレ・マウッチは乗り込んでいったのである。

一八九二年、とうとうバルセロナに出版社を創設。〈Casa Editorial Maucci（マウッチ出版社）〉という。

最初はスペインの既存の出版社と競い、苦戦した。その間にもエマヌエーレは南米に通い、メキシコでも書店と出版社を開業する。スペインで興った民族主義の高まりは南米に飛び火し、独立運動の機運が高まっていく最中だった。人は新しい世界を知りたが

っている。未来への知恵を探している。〈読みたい〉

書店は絶対に当たる、とエマヌエーレは確信していた。

それまでのヨーロッパでの苦労が、南米への予習となった。新旧大陸を往来しながら、人々が何を欲しているのかを肌で感じ取っていたに違いない。

〈地道に現場の声を拾い、丹念に応えること〉

本の行商人たちが長年の経験から得た商いの基本を、彼もまた遵守した。

やがてメキシコの書店と出版社を親族に任せ、再びバルセロナに戻ると今度は出版業に全力を注いだ。思い切り紙質を下げ、廉価の本をスペイン語でどんどん刊行したのである。古典や稀少書を一冊丸ごとは出版せずに数編に細かく分け、薄く軽くて小さい判型の冊子を考案しシリーズ化して販売した。あるいは、大半を割愛して縮小版として売った。チラシを刷るように、毎日、小冊子を出版した。それは、高級な塊肉ではなく、小間切れや挽き肉、あるいは切り落としを売るようなものだった。飛ぶように売れた。

廉価本は、年間で百万部を超える売り部数を記録した。

「移民のエマヌエーレは競合に勝つために、経済的に底辺にいた、眠っていた読者層に狙いを定めて新しい本作りを試みたのです」

成功して得た資金を元にマドリッドにも拠点を開設し、〈Casa Editrice America（アメリカ出版社）〉という名前でスペイン出版界の頂点を極めるに至った。

快進撃は止まらなかった。続いてエマヌエーレは、『良妻賢母』や『家庭の医学』といった、日常生活に直結する手引き書を創刊する。これも爆発的に売れた。

その勢いで、古代ギリシャと古代ローマの古典文学、思想、哲学をスペイン語で翻訳出版した。古典から生活百科、雑学辞典、同時代のヨーロッパ人、エドモンド・デ・アミーチスやギ・ド・モーパッサンやロシア人作家のレフ・トルストイなどの作品、廉価本まで、幅広い層に対応する本作りをした。自宅にガブリエーレ・ダヌンツィオやエミール・ゾラといった作家を招いて住まわせ、多くの作品を執筆させたりもした。

書き下ろしができるとすぐにスペイン語に翻訳し、南米でも同時出版した。出版社も印刷所も書店も販売網も、南米へ移民して独力で築き上げ、親族を配した直系のルートを活用した。

「マドリッド支社は約四千平方メートルもあり、そこでは編集から装丁、印刷、製本といった、本作りの工程を見学したり体験できるような機会も提供していたようです」

一九〇一年発行の同社のカタログでは著者八人、合計三百タイトルだった刊行作品が、一九三五年には著者一千人、約二千五百タイトルにまで拡大。最盛期の一九二七年には、毎週二万七千部を刊行していたという記録が残っている。

その背景には、一九〇八年に南米で最初に印刷部門にライノタイプ（欧文活字を自動的に一行分鋳造する機械）を導入し、まるで号外新聞を刷るように本を刊行する設備力もあった。偉業を達成できたのは、エマヌエーレが優れた企画力や営業力に加えて、新時代への先見の明も備えた実業家でもあったからだろう。

名実ともにスペインと南米で出版業界の頂点を極めたが、一九三七年スペインの人民戦争の最中にエマヌエーレが他界するとマウッチ出版王国はたちまち勢いを失い、やがて雲散霧消してしまう。

「ダヌンツィオを自宅に住まわせただなんて、エマヌエーレには人を惹き付ける特別な魅力があったのでしょう。彼は亡くなる前に故郷を訪れ、持参した銀製の器に村の土を掬（すく）い入れて、『私が死んだら、この土を混ぜて埋葬して欲しい』と、頼んだそうです」

幼い頃から本を担ぎ、海を渡り、根無し草の身で異国の人々の心を読み取り、言葉を届け続けた彼が、最期には故郷の土へ戻りたいと願った。


八月の昼下がり、地に浸み込んだ言霊（ことだま）が草いきれとともに立ち上がってくる。それぞれの家で昼食や午睡を済ませた人たちが路地を伝い、立ち止まり、広場でさんざめく。

広場の端の壁にもたれて座る数人がいる。やあ、と中の一人がこちらに向かって手を上げた。肉厚の大きな手。目尻、額、口元、眉間の深い皺。強面（こわもて）。城塞の中に住む、グリエルモだ。

「パラーナ村には、うちの羊やヤギもよく草を食（は）みに行っていましたよ」

村への出入り、やりとりを、岩の陰に控えてじっと見聞きしている。

椅子を勧められて隣に座る。改めて近くで見ると、険しいように見えた瞳は透き通った水色だ。冬に来たとき、彼の家で会った老いた女性が少し離れて座り両脇の人たちと談笑しているのが見えた。奥さんもお元気そうで何より、と言うと、

「あれは姉の一人でして。若い頃からずっといっしょに暮らしています。彼女は未婚。私もシニョリーノ（坊や。未婚の意）でして。今年で七十七歳にもなりました」

やっと番が回ってきた、とばかりに揚々と、自らの半生と村の歴史の間を行きつ戻り

つしつつの問わず語りが始まる。

「祖父が始めた食堂を父が、そして姉たちや私が継ぎましたが……」

バールを振り返って見ながら、肩を竦める。

昔は二階で食堂を開き、一階では羊やヤギ、牛、豚を飼っていたという。三階で家族は暮らしていた。グリエルモは兵役中に左官の仕事を覚え、村に戻って最初に手がけたのが食堂の改築だった。広場から気軽に店に入れるように、食堂を一階に移したのである。グリエルモが改築したおかげで、現在バールに姿を変えて存続できているのだろう。バールであって港、港であって関門である。彼は店から退いた今でもその軒下に座り、村の動静を見張り続けている。

一九五四年に村までの道が舗装されたのを機に、グリエルモは左官になった。多くの行商人たちのように姉兄たちも村を出ていったが、彼は村に留まった。家屋や橋や道や塔や門を修復し、残された山と森と家畜の世話をした。村が朽ちないよう、身を挺した。

「長い留守番でした。気が付いたらこんな年になってしまった」

笑った目が皺に包まれて、老いた象のようだ。

〈万を引き受ける人〉という呼称がイタリア語にある。器用でいろいろなことがこなせる人、任せておけば安心な人、というような意味である。

一枚岩のようなグリエルモが、村で番をしてくれる。家族を置いて本を売りに行かな

CERVANTES
MILTON
DANTE
SHAKESPEARE
GOETHE
CATÁLOGO
DE LA
CASA EDITORIAL
MAUCCI
BARCELONA
1929
SCHILLER
J. J. ROUSSEAU
D'ANNUNZIO
VICTOR HUGO
EÇA DE QUEIROZ

ければならなかった村人たちは、さぞ心強かっただろう。
それでは老姉が食堂を？　と尋ねると、
「私の世話と、郵便配達人をしていました」
姉は本の行商人たちの思いを村へ運び、弟は村の万を引き受けた。
発つ人がいて、留まった人がいた。
夏祭りには、過ぎた時への郷愁が集まっている。

12 ヴェネツィアの行商人たち

「私は村に残りましたが、姉の一人は村の行商人と結婚してヴェネツィアで書店を開いたのですよ」

バールの軒下に二人並んで座り、四方山話にもひと区切り付いたかというとき、グリエルモがふと思い出したようにそう言った。

私が初めて村を訪れて以来、もう数ヵ月になる。訪問の理由は、村の皆が知るところだろう。身内に行商人がいたことをなぜ今まで話してくれなかったのかと、鼻白む。

「いや、この村で本の行商に縁がない者などいませんのでね」

当然知っているだろうと思っていた、とすまなそうに身を竦めた。

「姉が老いて書店に立てなくなってからは甥が継いで、数年前まで一人で切り盛りしていたのですが、彼も結構な年になりましてね……」

グリエルモから甥の連絡先をもらい、気が逸る。

書店はヴェネツィアの中心にあり、品揃えが評判だったという。しかしヴェネツィアで親しくなった古書店主アルベルトも、同郷人の店が本島内にもう一軒あることなど、これまで口にしなかった。

モンテレッジォ出身の人がヴェネツィアで書店を開いていた、というではありませんか……。

「ああ、ブルーノ・タラントラさんのことですね」

グリエルモから話を聞いてすぐにヴェネツィアに電話をかけ口を尖らす私に、受けた店主アルベルトは、周知のことのように平然と答えた。

私はいったん夏祭りを中座し、早速ヴェネツィアへ向かった。

「本屋の話をするには、やはりここがいいでしょう」と、アルベルトの店で会うことになった。土曜の朝、訪ねると、老父が本の連峰の間から手を振って出迎えてくれた。

「何せブルーノの一家とは、私の祖父の代に遡っての仲間ですからね」

それどころか、と頭を振って、

「三代か四代遡ると、どうも私らは血縁だったらしいのですよ」

言い直した。

中世、モンテレッジォを含む山岳一帯を統括した領主、マラスピーナ家のことを思い出す。総本家からどんどん分家が派生し、一族の子孫が増えていく。勢力を拡大するには、子孫繁栄が肝心だ。名家であればあるほど、頭首の名前を後の世代が継承する習わしがある。よって、一族内には同姓同名が繰り返し現れた。名前といっしょに生存期間も記さなければ、どの代のことなのかさっぱり区別が付かなくなるのだった。祖父や曽祖父の名前を子供に継がせる風習は、モンテレッジォでもいまだに健在だ。

さらに、公文書を繰っていると、村には数家族しかいなかったのか、と錯覚するほど名字のほうも限られている。一八五八年に発行された通行証の記録によれば、〈石と本の行商〉を生業としていたのは七十一人。その名字を書き出していくと、ビアジーニ、フォゴラ、ガッティ、ゲルフィ、ジォヴァンナッチ、ラッザレッリ、ロレンツェッリ、マウッチ、パオロッツィ、リンフレスキ、タラントラなど。同じ名字のもとに、複数人の名前が並ぶ。重複記載したのかと思うほど、同姓同名も多い。当時ヴェネツィアのアルベルトのベルトーニ家は〈石売り〉として申告していたが、実際には〈本〉も売り歩いていた。同様の行商人たちが他にも多数いて、やがて皆が本の行商へと移行していったのだった。

名字が同じ人たちは血縁にあたるのか、と村の老人たちに尋ねると、

「この名字は、一五〇〇年代後半から教会の婚姻や死亡記録に残っていますよ。代々、村を支えてきた古い家々です。この人の妻の父親が、そちらの人の再従兄弟（はとこ）でしてね。彼の妹の嫁ぎ先の兄弟の一人が、あちらの姪と結婚して……」

説明は延々と続く。かつての行商人たちの縁故関係をひとしきり説いてはくれるものの、

「きりがありません。私らにも、もうよくわからない。中には、行商先で出会って生まれた縁もある。村丸ごとをひとつの家族（ファミリア）、と考えればいいのです。本の行商人たちは、遡れ

ば必ずどこかの代で何かしらの繋がりがあるのでね」

行商人たちの唯一の宝は本だった。客を呼び寄せる術も、青空市場や広場、通りに関する情報、売れ筋の書名や著者名も、行商人たちが歩いて集めた商売の秘密である。村は大家族だ。皆で情報を分け合い、それぞれの道を伝って各地に本を運んだ。家族皆で得て、分かつ。

それは、かつて当地の領主が大家族を築き、皆に土地を分与して領地を守り継いでいったのに似ている。大樹が根を張り、太い幹から何本もの枝葉を繁らせていく。モンテレッジォの人々の系図を辿ることは、本が運ばれていった先を知ることだろう。そして各地に生まれた書店は、大樹が付けた実だ。

「祖父がモンテレッジォ生まれでした。一八〇〇年代末頃には先人たちに付いて、若い頃から本の行商に出ていたようです」

アルベルトの父、マリオが話し始める。強いヴェネツィア訛りで語られるモンテレッジォの話は、村人の昔話とはまた趣が異なる。少し距離を置いて語られる、異国の偉人伝のようだ。

一八〇〇年代、行商に出た村人たちは、最新の情報が集まる北イタリアの都市部を売り歩きながら、仕入れの参考にするために人々が欲しがるものを調べた。

　イタリア半島じゅうが自由に飢えていた時代だった。

〈革命家のジュゼッペ・マッツィーニの考えを知りたい！〉

　独立主義者として知られる、政治家マッシモ・ダゼリオや革命家カルロ・カッターネオなどの政治理念をまとめた印刷物があると、奪い合いになった。

〈本は売れる〉

「村の行商人たちの嗅覚は抜群でした。早速その手の冊子を仕入れ、石や御札の下に隠し、あるいは在庫処分本に混ぜて運び、各地の革命分子に届け始めたのです」

　ナポレオンの勢力圏にあったときもオーストリアの統治下にあったときも、時の支配者たちは、イタリア半島に興りつつあった独立を求める民衆の決起を怖れ、高まる民族主義を鎮圧しようと必死だった。もし独立運動家たちの書いたものが頒布されれば、火に油を注ぐようなものだ。一触即発の状況の中イタリア半島の小国家では、公安が出版社や書店、キオスクの検閲を頻繁に行っては、相応しくない書物を没収していた。

「あらかじめ決まった旅程もなく、露天で本を広げてはまた移動。居どころ不定。連絡は付かない。通行証には〈石売り〉とある。臨機応変で迅速な行動。口は固い。蛇の道にまで精通している。そういうモンテレッジォの行商人たちは、禁書を運ぶのに適任だったのです」

文化の密売人、か。

本を運んで、行商人はイタリアの歴史を底から変えたのである。

イタリア半島を統治していたオーストリアは、「何よりも危険な武器」と、村の行商人たちを警戒したという。

さて、どこでどのようにして行商人たちは「何よりも売れる本」を仕入れていたのだろう。

スイスに、〈Tipografia elvetica（エルヴェティカ）〉という出版社があった。創設時から独立運動家たちの政治理念を密かに印刷し、〈禁書出版社〉と呼ばれて以前からよく知られた存在だった。イタリアに隣接する地理的な利便性を生かして、次々と禁書を刷っては北イタリア各地へ秘密裡に売るようになっていった。モンテレッジォの本の行商人たちは自らの情報網でその版元の評判を知り、訪ね、交渉し、運搬を担ったのである。出版社は、本の行商人たちの寡黙で実直な性格と勤勉な働きぶり、毛細血管のような運搬経路を信頼した。

行商人から客へ直に届けられることもあれば、仲介者が介在することもあった。ときには届け先の貴婦人たちが、スカートの中に小冊子を隠して上流社会のサロンへと持ち運んだりもした。

各地で待ち望まれた本は、政治や思想ものばかりではなかった。過激な恋愛小説やマキアヴェッリ、ヴォルテールも人気があった。警戒を強めたのは、オーストリア公安だけではなかった。バチカンも倫理的に問題のある書籍を発禁とし、厳しく取り締まるようになる。しかし禁じられるほど、いっそう読みたくなるものだ。

需要は、供給と手段を生む。スイスが禁書出版社なら、ナポリ王国では既刊の無断複製である。堂々と廉価で出版され、出回り始める。大繁盛。

読んではならない本、手に入れ難い本が増えれば増えるほど、行商人たちは大忙しとなった。初めのうちは客から依頼を受けて禁書を買い付けて届けていたが、だんだん事情に通じて目が利くようになってくると、自主的に危うい本を仕入れるようになっていく。蛇(じゃ)の道は蛇(へび)、だ。

けっしてたやすい道ではなかった。たとえスイスとの国境を無事に越えることができたとしても、次に各都市国家の厳しい検閲が待っている。一八五五年に発行された本の行商人ルイジ・フォゴラへの通行許可証を見ると、ロンバルド＝ヴェネト王国、モデナ＝レッジォ公国、教皇領、ピエモンテ公国、オーストリア帝国、フランス帝国、ベルギー王国、スイス連邦、コルシカ島、ナポリ王国を回っていることがわかる。

この前年すでにフォゴラは中部イタリアのアンコーナで書店を開いているのだが、モデナ＝レッジォ公国に入った途端、禁書所持のかどで書籍をすべて没収された上、勾留

TARANTOLA
STANDA

されている。ちなみに所持金は、〈各国の硬貨が混じっていて、総額は四十六リラ〉と記録されている。ジャガイモ一キログラムが三十セント、オーバーコートが一着九リラという当時の物価を考えると、悪くない実入りではないか。本を売るのはなかなかに、ハイリスク・ハイリターンの商売だったようだ。

「祖父は、行商先のヴェネツィアで恋しました。一九〇九年に子供（私の父です）が生まれたのをきっかけに、祖父母はヴェネツィアに定住を決めます。行商は、長旅で危険も多かった。祖父は、家族といっしょに暮らしたかったのでしょう」

けれども、簡単に書店を開けたわけではなかった。毎朝早く、対岸にあるリド島の海沿いに露店を出しては、本を並べた。リド島は大きな離島である。〈ヴェネツィア国際映画祭〉でよく知られるが、昔から高級ホテルや富裕層や貴族たちの別荘が多い。北東側が外海に面していて、開放感があるからだろう。地元の住民たちにも最寄りの海水浴場として人気が高く、ヴェネツィア本島や他の島からも大勢の人が集まる。海辺で何をするか。泳いだあと、日光浴しながら本を読む。本の行商人が扱うのは、古本や小冊子だ。町の中央で店を出すより、需要はリドの海辺の方が高かったに違いない。

さて、水の町ヴェネツィアである。雨や雪だけでなく、冠水も頻発する。露店を開いて本を並べては、一日が終わると仕舞い、水から遠いところに保管する。毎日がこの繰り返しだった。

他の都市では仕事ぶりを買われると、雨露を凌げる回廊に露店を出す許可を得た者も多かった。ところがヴェネツィアでは、人通りがあり露店を出せるような広さのある回廊といえば、サン・マルコ広場のものしかない。サン・マルコ広場の回廊には、千年を超えるこの町の歴史を支えてきた老舗が軒を連ねている。ヴェネツィアの商権の頂点と言ってよい場所だろう。到底、古本や危うい本が入り込む余地はなかった。

いくら売れるとはいえ、リド島の客足は夏に集中する。定住する商人として一年を通して安定した売り上げを立てるには、やはりヴェネツィア本島へ出店するのが宿願だったのだろう。

「父の代になって、今の場所に商売の拠点を移したのです」

今ある店の前の路地に、まず露店を出した。アカデミア橋とリアルト橋を結ぶ道と、フェニーチェ劇場からサン・マルコ広場へと続く道に近接している。商店街からひと筋入った行き止まりにあり、それだけ市街中央にあるのにもかかわらず静かである。行き着くと、しんと本が待っている。どのようにして、こんな古書店に最適の地を手に入れたのか。

「私は本に囲まれて大きくなりました。小学校を出るとまもなく、父の仕事を手伝い始めました。十三歳でした」

マリオは、遠くを見るような目で店内の本を見回す。

「当時、このあたりはごく普通の住宅街だった。精肉店やパン屋、青果店、日用雑貨の店、さまざまな職人の工房がありましたよ。日常生活の中で、本を売ったのです」

書店がマリオの学校だった。世の中のあらゆることを、本を売る父親から学んだ。

夜が来て露店を閉める。唯一の宝である本から目を離すわけにはいかない。倉庫も軒下もなかった行商人たちは皆、荷車の下に潜って野宿した。夜の寒さに耐えられなくなる季節が来ると、モンテレッジォへ帰って冬越えしたのである。

「そういう先人たちの苦労を知っていた父は、店舗を持つのが夢でした。ヴェネツィアで店を開くのは、容易ではありません。そもそも物件がない。

今うちの店になっているここは、その頃、配管工が倉庫と作業場を兼ねて使っていましてね。記録的な冠水があった一九五一年に、その配管工は公共工事で不正を働いたかどで逮捕され収監されていました。しばらくして、担い手のない店が売りに出され、父は買うことに決めたのです。店内は水を被って酷い状態でした。在庫品も錆び付いて到底、売り払えませんでしたが、すべて込みで買い上げるのが条件でした。不動産の価格だけではなく、未払いの部品代金や前の店主が抱えていた負債も肩代わりしたわけです。当時、同じような物件の賃貸料は約一〜二万リラでしたでしょうかね。父は、百万リラで買い上げました。

狭かった。五十平方メートルあったかどうか。現在の店舗の半分くらいしかなかったでしょう。父は、天井に届くほど大量の錆びたネジや釘、工具や不用品をこつこつと処分し、念入りに店内を乾かしました。新しく生まれ変わった店に、父はまず古本を並べたのです」

実に誇らしげでした、とマリオはしみじみと店内を見回した。

当時、壁向こうには食堂の倉庫があった。長い時間をかけてその倉庫も手に入れ、店を拡張し現在に至っている。

一九六六年、ヴェネツィアを海抜一メートル九十四センチの冠水が襲った。前代未聞の惨事となった。本島の大半が水に沈んだ。

「父と私で手分けして、なんとか本を守ろうとしたのですが……」

マリオは俯き、本の表紙を撫でる。

多くの店や工房が閉業に追い込まれ、職場を失った人たちはヴェネツィアから大陸側へ移住してしまった。冠水ですべての本を失い、書店は振り出しに戻った。

「その後、父は二度と店に立つことなく他界しました」

マリオが継いだ。二十二歳だった。翌年には、息子が生まれる予定だった。現在の店主、アルベルトである。

「アペニン山脈を越え、危険を冒して本を売り歩いた先代たちの苦労に比べたら、冠水なんてたいしたことはありません。良い本を廉価で提供し少しでも多くの人に読んでもらおうとした本の商人の魂を、私で絶やすわけにはいきませんでした。

カルロ・スカルパをはじめとする建築家たち、ヴェネツィア大学（カ・フォスカリ）を拠り所とする文学の伝統、ヴェネツィア派を輩出した〈美術学校（アカデミア）〉。フェニーチェ劇場やゴルドーニ劇場。うちのお客さんは、建築と文学、芸術を学ぶ学生や研究者、愛好家たちです。この三本に特化しよう、と本揃えのテーマを決めました。〈社会のために！〉と共産党は掲げていましたが、それなら私は〈社会のために原価の半額で良書を売ろう！〉と決めたのです」


こんにちは、と初老の男性が店に入ってきた。ブルーノ・タラントラ。岩のグリエルモの甥だ。ひと目で好人物とわかる。マリオとアルベルト父子に、久しぶり、と挨拶を交わしながら、三人それぞれが本に触れている。

「どこからお話ししていいやら」

ブルーノはひと思案してから、

「始まりは、祖父母でした。祖母は、大きな箪笥（たんす）のような立派な体軀（たいく）の女性でした。何事にも動じず、気っ風（きっぷ）がよかった。それに本のことを実によく知っていました。祖母と話をしに来る客が大勢いましたね」

祖父母ともにモンテレッジォの出身で、本の行商人だった。両家の親族もやはり本を

売り歩いていた。誰ともかち合わないように、叔父はあちら祖父はここ、と領域を決めて商売をしていた。

「苦労は当たり前で、親戚が集まっても、辛さ自慢はしませんでしたね」

最初は籠を担いで徒歩で旅に出たが、余裕が出てくると手押し車に代わり、本棚そのものを荷車に改造し馬で引いて回るようになった。

「叔父は、馬に荷車を引かせていました。自慢の馬といっても、小柄な農耕馬です。それが、ある日ピタリと立ち止まってしまった。晩秋の夜で、冷え込む前に少しでも先へと気が急くのに、馬はびくともしない。困った叔父は、馬の腹の下で火を焚いてみました。〈これなら飛び上がって歩き出すだろう〉。ところが馬はすっかり気持ちがよくなって、放尿。おかげで火は消えてしまうわ馬は動かないわで、散々な目に遭った、とか……」

ブルーノの父親は、実は画家を目指していたのだという。いったんは美術学校に入ったものの、本に呼ばれた。十七歳のときに、家業を継ぐことに決める。

「血が騒いだのでしょうね。サン・マルコ広場に繋がる商店街に倉庫があり、そこから毎朝本を出しては、数ヵ所に露店を出して売りました。古本を売る同郷のベルトーニ家と重ならないように、うちは新刊を扱っていました。

父は、実に商いのセンスがありましてね。きっと人の気持ちを読むのが上手だったのでしょう。入りの鈍い町の書店から、客を呼び込んでくれないか、と父は頼まれた。ふだん青空市場に慣れている人には、改まった店舗は敷居が高いものでした。特に書店には、〈インテリが行くところ〉という印象がありましたからね」

そこでブルーノの父親は、広場から路地へと台を並べ人目を惹く本を平置きした。売れ筋本の情報は、村の仲間から収集済みである。客から新刊本の問い合わせがあると、「それならこの先の書店にありますよ」と、客を誘導したのである。あるいは、客が台を物色しながら本伝いに歩いていくと、知らない間に件の書店の前に着いている、といった具合なのだった。

「夏が終わると、新学期です。広場に書店が集まり、参考書や教科書を売るのは長らくヴェネツィアの風物詩であり、また私たち本屋にとって重要な収入源でもありました。テーマを決めて、技術関係の書籍を売ったこともあります。女性の読者たちは、圧倒的に小説好きが多かった。狙いを定めて、甘くてほろ苦い品揃えにしたこともありました。広場は、小さなブッククラブかフェア会場のようでした」

青果店が季節の野菜や果物を並べるように、本の行商人たちも旬（しゅん）の本を紹介したのだ。よく売れた。クリスマスや復活祭には、冬越えでモンテレッジォに戻っていた行商人たちも、助っ人としてヴェネツィアに駆け付けた。

「私はヴェネツィア建築大学に通いながら父を手伝っていましたが、継ぐ気はありませんでした。父は、露店と店舗と両方をうまく使い分けて商売していました。露店で草の根の読者たちの声を拾い上げ、店で文化人たちへの本も売りました。読みたい人にまんべんなく本を届けたかったからです。個性的な常連たちが、入れ替わり立ち替わり訪れました」

書店にいると、舞台を観ているか短編集でも読んでいるようだった。

そして、一九六六年の冠水である。

「サン・ルーカ広場にあった店へ急ぎました。みるみるうちに水嵩は増えていきます。もうどこが地面でどこに水路があるのか、わからなかった」

店のドアを開けて、ブルーノは言葉を失った。

父親は、黙々と床に積み上げてあった本を平台へ移しているところだった。本棚の下段から引き抜き少しでも高いところへと入れ替えようとするが、どの棚も本でいっぱいだ。

閉めていたドアの隙間からも水は容赦なく店内に流れ込み、ひざ下へ、足の付け根へ、

「とうとう僕の胸元まで上がってきたのです」

ブルーノの父親は小柄だった。このままでは本といっしょに水没してしまう。父親は天を向いて水面から顔面を出し、さらに店の奥に進もうとしている。

〈父さん、動かないで！〉

父親が動けば波が立ち、せっかく上のほうに積んだ本が水を被ってしまうからだった。

〈もう店は閉めて避難しましょう〉

サン・ズリアン橋を渡って家へ向かうのだが、橋近くで父はほとんど首まで水の中に浸かってしまった。ブルーノが父の手を引き橋の上まで引き上げると、やっと息継ぎをしてから、父親は声無く泣いた。

「そんな中でも父は傘をさしていました。律儀な人でした。それを見て、避難中の半泣き顔だった外国人観光客が吹き出しましてね……」

町じゅうが停電となった。ブルーノは父親を家に送るとすぐ、倉庫を見に再び町に泳ぎ出た。暗闇の中を、建物が切り取る空の形を頼りに進む。

水は、倉庫の入り口にあと数センチまで迫り来ていた。

「闇の中に沈み鈍色(にびいろ)に光る水は、蛇の舌のようでした。倉庫も呑(の)み込まれてしまうのか。呆然としている目の前を、ネズミが泳いでいきました」

冠水の後、ブルーノは父親を継いだ。

「ヴェネツィアには、〈記憶を守る〉という条例があるのですよ」

マリオもブルーノも、水から本を守ってきた。

行商人の唯一の宝物を。

Heiße WURSTEL caldi

13 五人組が時代を開く

遠目には一様に緑の美しい山々だが、麓から見上げると栗の単一植生とはいえ木ごとに枝ぶりや葉の繁り方は各様で、緑色も濃淡さまざまに揺れている。

名字も名前もよく似ていて、本人たちすらわからないのにどこかで縁戚関係にある村人たちは、揃って本を担いで北に向かって発ち、着いた先々で同じ信念で本を売った。村はひとつの塊に見える。しかし行商人はそれぞれが馴染み客を持ち、その一人ひとりに手渡しするように本を売ってきた。モンテレッジォの村人の数だけ本屋が生まれ、本屋の数の何百、何千、何万倍の本が届けられ、読まれてきた。

風にそよぐのは、枝先の葉だけではない。落ち葉は静かに木のもとに吹き集められ、根を覆って温め、やがて地に還っていく。それは、ページが一枚ずつ重なって本となり、読んだ人の心を温め、滋養となっていくのと同じだ。

「どのページを繰っても、書いてある話はどれも似たりよったりなのですけれどね」

祖先のことを訊かれると、村人たちは笑って肩を竦める。

意見を他人に押し付けないが、新しい情報には常に聞き耳を立てている。問われるまで、黙っている。分をわきまえている。信念を揺るがすことはないが、機敏に行動する。自分だけが頼りだ。いつも飄々としている。

本にも客たちにも、信頼の置ける友人なのだ。

ミラノの老舗出版社ボンピアーニの創設者ヴァレンティーノ・ボンピアーニは機会あるごとに、

「モンテレッジォの行商人から本を買うということは、独立への第一歩を踏み出すということでした」

と、言っていた。イタリアの独立運動のことだけを指したのではなく、一人前の大人として自我に目覚める、という意味合いも含めて言ったに違いない。

青空の下で自由に選んだ一冊をめくってみると、ページの間から渋い匂いが微かに薫る。新刊の甘酸っぱいインクの香りは初々しい。本屋は、露店の端で静かに控えている。客が知りたそうにすると、〈はい、なんでしょう?〉と、目で伺いを立てる。

本を選ぶのは、旅への切符を手にするようなものだ。行商人は駅員であり、弁当売りであり、赤帽であり、運転士でもある。

ボンピアーニは、さまざまな行き先への切符を作る人だった。出版人にとって、モンテレッジォの村人たちは頼りにできる仲間だったのだろう。

同時期にイタリアでは出版社が続々と誕生している。出版人たちはどのように感じていたのだろうか。

ミラノのリッツォーリ出版社の創設者アンジェロ・リッツォーリは、まず行商人たちにゲラを読んでもらってから本に刷るかどうかを決めていたという。

「売れる本を見抜く力は、驚異的でしたからね。何よりの指標でした」

毎朝、ミラノの広場に立つ本の露店を自ら訪ねて自社の新刊を数冊ずつ託し、夜に再び立ち寄り売れ行き状況を調べていたのは、モンダドーリ社の創設者アルノルド・モンダドーリだった。

露店の立つ市場や回廊へ行商人たちを訪ねるだけではなかった。行商を終え皆が帰郷する冬になると、ミラノやトリノ、ボローニャ、フィレンツェからモンテレッジォに時の出版人たちが次々と訪れ、食卓を囲んだりダンスを踊ったりした。村を挙げて歓待し、その場で翌年の商談をまとめたり、イタリア各地の客たちの反応を聞き新刊の企画の参考にしたりしたのである。

本を手に取っただけで、「これはあまり売れないでしょう」「すばらしい出来です」「ヒット間違いなし」と、読まずに次々と言い当ててみせる行商人もいた。まるで本の行く末占いで、どうしたら売れるのか、秘訣を請いに出版人たちが引きも切らずに詰めかけた。

「売れる本というのは、ページに触れるときの指先の感触や文字組み、インクの色、表紙の装丁の趣味といった要素が安定しているものです。〈あの出版社の本なら〉と、ひと目でお客に品格をわかってもらうことが肝心ではないでしょうか」

いの一番に、紙と余白の大切さを挙げた。

本を見抜く眼力は、学校などで勉強して習得したのではない。親から子へ、子から孫へと本を運び続けて、自然と身に付いた技だった。

「残念ながら、すべての本を仕入れることはできません。本屋は、売る本を選ばなければならない。選んでいると、しみじみ幸福な気持ちになります。そして、選んだからには真剣に売ろう、と背筋が伸びます」

五十年前の聞き取り調査に行商人の一人が答えている。

答えたのは、リンフレスキ家の一人である。彼は石を担ぎ、本に詰め換え、露店から書店へ、そしてついには村の行商仲間と一九〇八年に会社を設立するに至った。〈Società

Editrice Libraria Pontremolese（ポントレモリの本屋の出版社）〉。場所はピアチェンツァ。中世にマラスピーナ一族が治め村人たちが農耕作業で働きに出ていた、豊かな地方都市である。

ベルトーニ家、二つのタラントラ家からそれぞれ一人ずつ、ゲルフィ家、リンフレスキ家の五人が組んで、共同で運営した。誰がどこのタラントラで、果たしてベルトーニはあのヴェネツィアの親族なのか、など出自を追うのはこの際、瑣末なことだろう。肝心なのは、全員が祖先に倣い山を越え、本を売り続けてきたことである。

五人集まれば、資金繰りも楽になる。仕入れの不安も解消する。出版社が集まるミラノやトリノ、ボローニャへ繋ぎの良い地点に会社を設立し、本を一ヵ所にまとめ置いて、各地へ商いを流すための結節点を作ったのである。仕入れから配本、在庫管理の流れを作り、仲間うちだけではなくイタリア全土に現れ始めていた本の露天商たちにも卸すようになっていく。つまり、イタリアで最初の出版取次の誕生だ。

五家族は、数世代かけて北イタリアからフランス、スイスを隈なく回って本を売ってきた。中央ではない地方を、あるいは不特定多数の大衆だけではなく目の前にいる個人もつぶさに見聞する旅でもあった。モンテレッジォの人々にとって、本は生きるための糧というだけではなかった。イタリア民衆の好奇心の流れを予見する、望遠鏡でもあった。

足で集めた読者たちの声を、仕入れの際に出版社へ細かく伝えた。当時、出版各社が市場を細かく読み込んで本を編むことができたのは、ひとえに本の行商人のおかげだった。

「モンテレッジォに任せるに限る」

どの出版社も、新刊も含めて信用取引するようになっていく。

「後で売れた分だけ払ってくれればいいから」

委託販売の始まりである。ヴェネツィアの店主が、欲しい本がありすぎて迷っている私に、「家にお持ち帰りになり、ゆっくりお選びください」と、代金を受け取ろうとしなかったことを思い出す。

行商の暮らしは、見通しが立たない。今日の儲けは今日の糧なのだ。商いを大きくしようと思っても、資金繰りは難しい。出版社の計らいで仕入れにかかるコストが〈信用〉だけとなると、村人たちは預かり受けた本をますます丁寧に運び、売った。手塩にかけて育てた子を送り出す親のように、大切に本を送り出した。

「本屋をしていると、知らず知らずのうちにたくさんのことを覚えます。知識だけではありません。信用を得るということ。誰にでも礼儀正しく親切であること。本を売ることは、生き方のいろはです。

家族で営む倹しい商いです。大型書店が宣伝のチラシを置く売り方とは違います。アンカット本の時代は、あらかじめ小口や天地を一ページずつ丁寧に切り開き、すぐ読めるようにしてから客に渡していました。そういうほんの小さな手間ひとつでお客は喜び、また来てくれたものです」

タラントラ家のひとりが答えている。

出版社から生まれた子たちを、本屋は預かり受けて送り出す。すぐに発つ子もいれば、なかなか行き先が決まらない子もいる。籠に入れて運んでいたときのように、引き受けた本をそばに置いて見守る。

村では、本の行商人の子供のことを〈本箱の中で生まれ育った〉と言う。多くの母親たちは赤ん坊を連れて、夫といっしょに本を売っていたからだ。

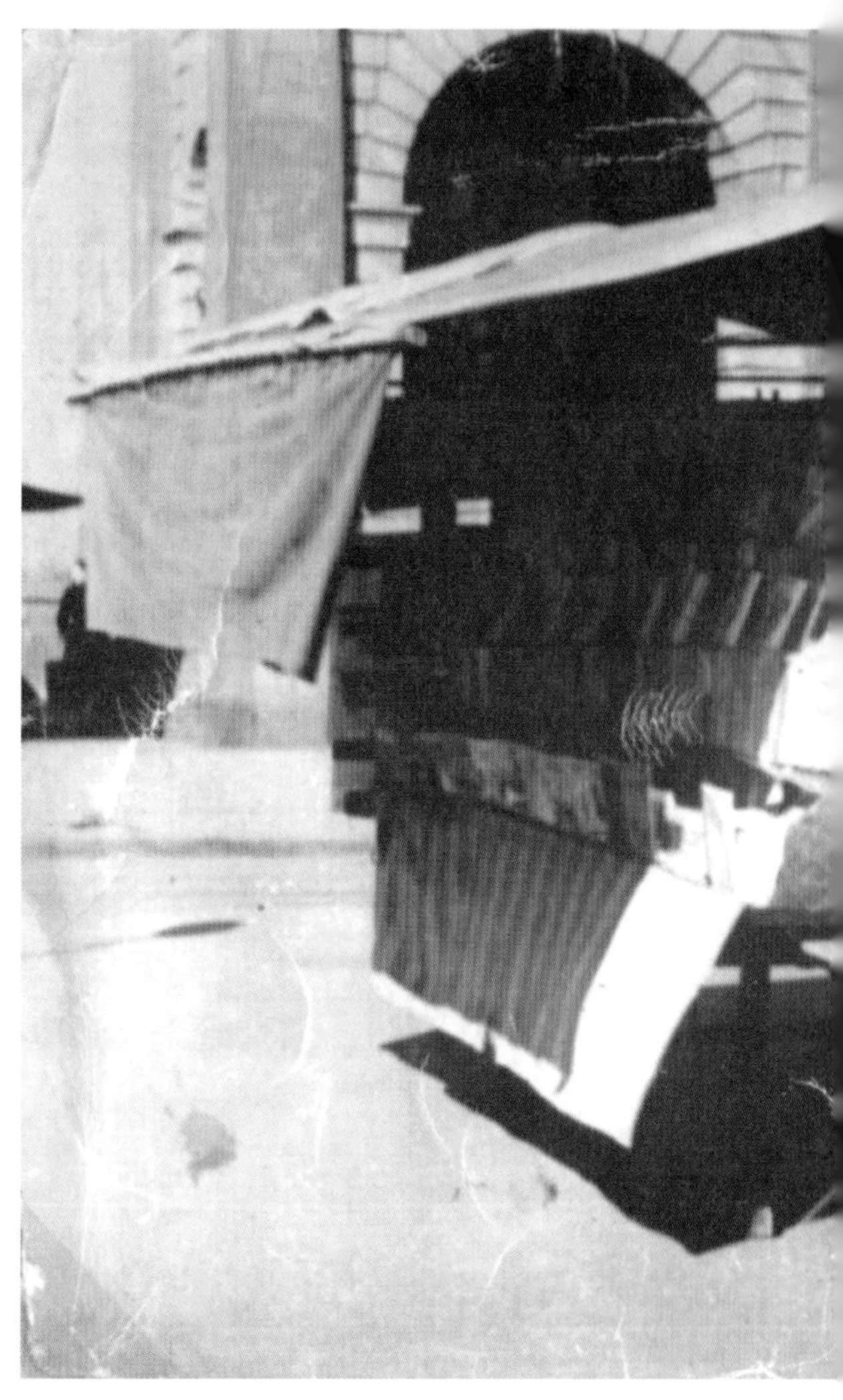

「パンと本を食べて育ったようなものでした。両親は食卓でも、人気作家たちの新作や未回収の月賦などについて話していたからです」

行商人の一人は回想する。

寝ても覚めても本だった。本を読むことが好きで選んだ道ではなく、本を待つ人たちのために本屋になったのである。村人は、本を届ける職人だった。

露店でも書店でも、彼らは早朝から夜遅くまで営業した。客が望むところには、必ず本屋が待っていた。

「一九〇五年、ボローニャで父は店を持ちました。毎日深夜まで店を開けていました。舞台の跳ねたあと、馬車に乗ってお客さんたちが必ず店に寄ってくれましたね」

客たちが舞台の余韻に浸りながら感想を述べ合うと、深夜の書店はたちまちサロンとなった。本屋を介して、客の間にも交流が生まれた。同時期のドイツやイギリスに存在した〈読書クラブ〉とは異なり、モンテレッジォ出身の書店主たちの周りに自然発生した自由な集まりだった。

「馴染み客たちから休暇に誘われ、両親が温泉へ出かけたことがありました。もちろん本を連れていきました。そしてとうとう湯治場でも書店を開いてしまった。結局、一度も湯に浸かってのんびりすることもなく、一生懸命に本を売っていましたね」

実直な働きぶりに、出版人たちは胸を打たれた。ボンピアーニやリッツォーリ、モン

ダドーリに始まり、ビエッティや辞書出版のヴィンガレッツリなど、多くの出版社の社長たちが自らモンテレッジォを訪ね、

「好きな価格で売ってくれればいい」

売値の設定も利鞘（りざや）も、すべて村の行商人の裁量に任すようになっていったのである。信用は、また新しい信用を生む。こうして次第に五人の会社は、出版業界の情報が集まる場となっていった。

十九世紀半ばにイタリア王国が誕生し、義務教育制度が定着し始め読み書きができる人が一気に増えた頃だった。文字は、人の気持ちを表す。それまで見えなかったものが、つかめるようになったのだ。

〈受け身だった人生も、自分次第で違う運命を切り開けるかもしれない！〉

本は闇の中のロウソクの火であり、荒波の先に光る灯台だった。

出版の黎明期（れいめいき）到来だ。

ダンテがいたら、歓声を上げていただろう。

本はよく売れた。慢性の飢餓感を満たすべく、硬軟とりまぜて出版された。戦争から戦争へ。けっして穏やかではない情勢が続くが、だからこそ人々は本を求めたのではないか。一冊あれば、昔にも未来にも旅することができる。黙って寄り添ってくれる。

〈兵隊さんに本を一冊！〉

モンテレッジォの行商人たちは、露店に垂れ幕を掲げた。

一般に広がった本への興味を利用し、民衆の気持ちを昂揚させ一丸にしよう、とファシスト党は、各地での集会で〈本の売り方コンクール〉を催した。モンテレッジォの行商人たちが最優秀賞を獲得して話題を呼んだ。

ナポリやミラノ、フィレンツェの国立大学では、書店経営についての講義が開講されるようになった。さまざまな職業を系統立てるために、ファシスト党が考案したのであ

る。本を売るということが、世間の耳目を集めるようになってていく。村の行商人たちも熱心に受講した。受講後すぐに古書専門店をボローニャで開き、大成功した村人も出た。

戦中、憲兵たちが出版社や作家、書店を回り、時勢に抗う者や印刷物を片端から摘発していった。

「抜き打ちで検査にやってきては、本を没収していきました。いったん取り上げられてしまうと、もう返ってはきません。丸損です。その上、投獄される。それでも私たちは危ない本を隠し持ち、信頼できるお客に密かに売ったものです。禁書は高値で売れましたのでね。

禁書と判断される基準は曖昧でしたが、アメリカやイギリス、ユダヤ系の作家の本は問答無用で没収でした。

ポルノ本も扱いましたよ。憲兵たちが欲しがったからです。彼らがやってくると、〈ご本尊さま、入荷してます〉と、耳打ちします。禁書の検閲にやってきては、実際には〈ご本尊さま〉を手に取り食い入るように見て、必ず持ち帰ったのでした。もちろん、お代は払ってもらいましたがね。禁書取りが禁書買いになる、ですよ。今日はやけに検閲が長引いているな、と見れば、憲兵が手当たり次第に本を繰っている。そっと〈ご本尊さま〉を差し出してやる。危ないけれど、いい商売になりました」

戦火の中、旅から旅へ本を売って暮らすのは命がけだった。家族連れだった者も多かった。しかし安定を求めて工場で働こうとすると、ファシスト党員になることを強要された。〈自営なら、入党しなくても働ける〉。村人たちは本の行商を続けた。体制へ迎合して得る安定より、個の自由を選んだのだった。

いよいよ戦況が怪しくなると、大勢の行商人たちは帰郷せざるを得なかった。代々の家業を畳むのは辛かっただろう。

「自ら人生の幕引きをしたようなものでした。でも結果、モンテレッジォには活気が戻りました」

村に戻った本屋たちは傷んだ家屋を修復し、村は蘇った。

さて、ピアチェンツァの五人組は出版と書店が時流に乗ったのを見計らって、各々が独立して出版業や書店経営へと多角化へ移行した。リンフレスキ家はピアチェンツァ市で〈Casa Editrice L'arte Bodoniana（ラルテ・ボドニアーナ出版）〉を、ベルトーニ家もパルマ市で出版業を、二つのタラントラ家はピアチェンツァ市で母体を引き継ぎ、ゲルフィ家はピアチェンツァ市とクレモナ市で、十六人の子供に書店を持たせて実質的なチェーン店を開業した。残念ながら戦争で被った損害は大きく、どこも徐々に衰退しやがて廃業。以降、再興することはなかった。

しかし、世紀末に出版の企画から販路、流通のしくみを作り出し、新しい書店経営の基礎を整えた五人の功績は大きい。新生イタリアを本で助けた。一里塚を建て、次世代へと任務を引き継いだのである。

Pesci
ORIGAMI
ORIGAMI
SPEEDY COLORI
COLORI

14　町と本と露天商賞と

ミラノから車でノヴァラに向かっている。自動車産業の中心であるピエモンテ州都トリノへの道の、ちょうど真ん中あたりに位置する。また、リグリア海の港湾都市ジェノヴァとスイスを結ぶ道中でもある。山と海が交差する町だ。古代ローマが作った。領土拡大攻略の天才たちが、この地の利を見落とすわけがない。

現在、ミラノとジェノヴァ、トリノは、北イタリアの〈黄金トライアングル〉と呼ばれている。〈現代産業の三大重要拠点〉という意味だが、この位置付けへ辿り着けたのは、古代から連綿とあらゆる流れの要であり続けたからだ。この三角形のちょうど真ん中に、ノヴァラは位置する。ノヴァラを掌中に収めることは、各時代の統治者たちの永遠の夢だった。

「現在もノヴァラで営業を続けている、モンテレッジォ直系の書店がありますよ」

夏の本祭りでその一族を紹介されて、店を訪ねてみることにしたのである。

ロベルトとは、ノヴァラの書店の前で待ち合わせている。〈ラッザレッリ書店〉。彼は三代目だが書店では働かず、ミラノで本とは無関係の会社に勤めているという。車で一時間ほどとはいえ、毎日の通勤は大変だろう。

「移動は少しも苦ではありませんので」

さらりと返された。やはり行商人の血か。

州都トリノに次ぐピエモンテ州二番目の都市だが、都会の喧騒にはほど遠いのんびりとした雰囲気だ。

夏時間で、夜九時近くまで日が高い。旧市街は車両通行禁止になっている。仕事の後、食前酒を飲みながら雑談を楽しんだり、夕涼みがてら散策したり。手入れの行き届いた石畳の広場を抜け、書店のある中央通りへ進む。

三々五々、道を行く人の様子は、穏やかで品が良い。いつも時間に追われるように早足の人が多いミラノから来ると、違和感を持つほどゆったりとしている。年配の住民が多いからなのか、と見回すとそれほどでもない。むしろ、広場や大通りの路上に並ぶ小卓にたむろしている人々には、若者の姿が目立つ。

書店のことを訊かれたときにどのような顔をするのかを見たくて、場所はわかっていたけれど、通りすがりの人に道を尋ねてみる。

「町の真ん中にあります。ちょうど私もこれから行くところですから」

買い物帰りらしい四十歳前後の女性が、連れていってくれることになった。

悠々とした大通りを行く。まっすぐに延びている。修復がされて美しい両側の建物は、一階部分がヴォールト様式の高天井が続く回廊になっている。ローマ帝国時代に発展した建築様式だ。回廊を進むにつれて、現代から近代、近世、中世、古代へと一歩ずつ時を遡っていくように感じる。トリノやボローニャ、パドヴァの街並みを彷彿とさせる。

ずいぶん先に書店が見えている。

「ノヴァラで生まれて育ち、仕事も結婚も地元です。幼い頃からの習慣で、本を買う予定がなくても、多少の遠回りになっても、必ず〈ラッザレッリ〉さんの前を通ってから家へ帰るようにしているのです」

回廊の先に、山が見えている。ああ、本、本。

赤いスチール製の本棚は、特注なのだろう。回廊の中央から路上に、また書店の壁を伝い店の角をぐるりと囲み、交差する道へ壁伝いに折れて続いている。さながら連結車両だ。書店を外から守るように、周囲の景色にもぴたりと収まっている。

同伴した女性は本棚の前で立ち止まるとざっと本に目をやり、店内に向かって軽く会釈し、私たちはそこで別れた。

棚の前に台が付いていて、平置きで三列ほど本が並べてある。棚ごとに分野が分かれている。雑誌もある。すべて古本だ。若い男性店員が回廊を行ったり来たりしながら、ワゴンに山と積んだ本を差し込んだり並べ替えたりしている。島々を手漕ぎ小舟で巡り、必需品を届ける船乗りのようだ。

〈郷土〉と分類カードが貼ってある本棚を見る。

『十八世紀の礼儀作法』

『ノヴァラの歴史』

『郷土料理』

『映画〈にがい米〉』

『建築史』

………。

同じだ。ヴェネツィアの古書店と。

ふと目を上げると、さきほどの店員が〈なにか？〉と、二台先の本棚前から目を合わせた。

同じだ。

私が来ることは、書店員たちに連絡済みに違いない。けれども、店員は余計なことをひとつも言わない。

初めて来たこと。ノヴァラと〈ラッザレッリ書店〉の歴史を知りたいのですが……。今週の売れ筋は。そして店員さん、あなたが今読んでいるのはどの本ですか?

若い男性店員は、待っていました、という顔になり、

「本は後ほどゆっくりとご案内いたします。お待ちになっている間に、初代が最初に店を開けたところをぜひご覧ください」

と、通りの向かい側を指差した。

二棟の建物の間がトンネルのような通路になっていて、通り抜けると広場のような空間に出た。四方を建物が囲み、中庭のようになっている。鉄製の枠にガラスの嵌め込まれた屋根がその半分ほどを覆い、洒落たサンルームのようだ。

建物の親柱に真鍮（しんちゅう）の碑が掛かっている。

ノヴァラ市章の下に、

オッタヴィオ・ラッザレッツリを偲んで
一九二一年十一月一日　ヴェルチェッリ
——一九八六年八月三十一日　ノヴァラ
ノヴァラの本屋　〈露天商賞〉創設者

と、刻されている。ロベルトの父親だ。

〈露天商賞〉の創設に関わったのか……。

初めてモンテレッジォ村を訪ねたとき、最寄りの山麓の道すがらヘミングウェイに会ったことを思い出す。〈いったいなぜこの山奥に文豪が？〉。その山麓の村ポントレモリで、毎夏〈露天商賞（Premio Bancarella）〉の授賞式が開かれるのだと知った。第一回の受賞作品が『老人と海』だったので（ノーベル賞に先がけて、イタリアで〈露天商賞〉を受賞している）、地域の観光案内板にヘミングウェイが写っていたというわけである。

イタリアで刊行された本の中から、分野を問わず翻訳書も含め、本屋たちが最も売れ行きの良い本を報告して決まる。文芸評論家も作家も記者も出版人も関わらない、本屋だけで選出する文学賞だ。一九五三年に生まれて以来ずっと、イタリアの〈読むこと〉と〈書くこと〉を支えてきた。

賞が生まれるきっかけは、一九五二年に行商人や各地で書店を開いていた村人たちが集って開催した〈本屋週間（Settimana del Libraio）〉に遡る。

「Carmina non dant panem」

詩はパンを与えない、という古くからの諺を本の行商人たちは覆した。

「本があるから生きてこられた」

本への感謝祭を開こう、ということになったのである。

潤沢な仕入れ資金を持たなかった村の行商人たちは、零落した名家や出版社の在庫、閉業した書店や閉鎖された修道院などを訪ねて本を引き取り、再び命を与えてきた。イタリアじゅうの美しい広場に露店を出し、多くの人の手を経てきた経験豊かな本を、誰もが手に取れるように廉価で紹介してきた。文化の福袋を売ってきたのだ。

当時のイタリアの人気作家が〈本屋週間〉に参加する旨を伝えるとすぐに、〈イタリア著者・文筆者連合（Unione Nazionale degli Autori e Scrittori）〉も、

「この山岳地帯で、本は生まれて育ちました。出版関係者の皆さん、ぜひとも本の村を訪ねようではありませんか！」

〈本屋週間〉の開催に合わせて、山村への表敬訪問を呼びかけた。新聞各紙が一斉に報じると、後に首相などを歴任したジュリオ・アンドレオッティも参加を表明して、大騒ぎとなった。

大盛況のうちに迎えた締め括りの一九五二年八月十日は、熱い日となった。

世界各地から、山岳地帯出身の書店主や露天商、作家、出版人や本の好きな人たちが集まった。遠くの行商先に移住したまま、親や祖父母の代からずっと顔を合わせていなかった村の出身者たちも大勢いた。本の露店の前で皆が抱き合い、再会を喜んだ。

「やっと夢が叶いました。作家と本屋が結束する。この山に集まり、お互いの問題を吐露する。私は物書きですが、本は書いたら売らなければならない。こうして立派な本屋

Entrata Libera

がいてくれるからこそ、なのです」

参加した作家の一人は感極まった様子で、村の本屋たちに謝意を述べた。

「それにしてもなぜこんなに小さな村から、代々、旅に出て本を売り歩いたのでしょう。皆さんは、不思議に思いませんか？〈世の中に自分が信じるものを届けたい〉。村人にとって、それが本だった。この人たちは、きっと神様から選ばれた特使なのです。〈さあ旅に出なさい。世界じゅうに文化を届けるのです〉とね」

本屋と出版人はホテルのレストランで祝杯を上げながら、固い結束を形に残していっそう本の普及に務めよう、と話し合った。祝宴にいた一同は、ホテルのレターヘッドに、「第一回の村の本屋の集まりにおいて、たとえば〈露天商賞〉というような名前の文学賞を作ることを提案します」

居合わせた全員が署名をした。たくさんの名前が嬉々として飛び跳ねている。

それは単なる動議書というより、苦楽を分け合った同朋が再会を祝う寄せ書きであり、先祖への報告であり、未来への励ましであり、歴史的な瞬間に君も私もいた、という本屋人生への証でもあったのではないか。

翌一九五三年、〈露天商賞〉誕生。以来ずっと、業界の政治的な思惑からは遠い、純粋で正直な評価として国内外の本好きたちから信頼を受けている。

さらに特筆に値する点は、その賞金だろう。創設時に登記した規範によれば、

〈受賞作を少なくとも二千部以上は実行委員会が買い上げ、そのうち半分の部数は刑務所や病院、生活困窮者の支援所などの図書室へ寄贈すること。残り半分は、全国の露天商たちに配本して売り広めてもらうこと〉

と、掲げられている。

ちなみに、二千部どころか、数十万部を超える売り上げ部数に達した受賞作品も多く、著者にも出版社にも、もちろん本屋にとっても大きな利益をもたらしてきている。

賞は、作品が対象。受賞作家が別の作品で繰り返し受賞することもできるが、受賞後の五年間は候補から外れる。

受賞作品の一覧は、硬軟取り混ぜ、またフィクションノンフィクションの垣根を越えて、まさに露店に積まれた山そのものだ。ただの山々ではない。イタリアの大衆文化と出版の歴史を並べて検証できる、唯一の記録である。大資本が上から下へ向けて作る流れとは異なる。草の根から生え上がる、大衆の声が聞こえてくる。忘れられたイタリアの記録であり、未知への羅針盤である。

参考までに、歴代の受賞者は次の通り。

年　著者名　原題　イタリア出版社

1953 - Ernest Hemingway, The Old Man and the Sea - Mondadori
1954 - Giovanni Guareschi, Don Camillo e il suo gregge - Rizzoli
1955 - Hervé Le Boterf, Le défroqué - Martello
1956 - Han Suyin, A Many-Splendoured Thing - Bompiani
1957 - Werner Keller, Und die Bibel hat doch recht - Garzanti
1958 - Boris Leonidovič Pasternak, Doctor Zhivago - Feltrinelli
1959 - Heinrich Gerlach, Die verratene Armee - Garzanti
1960 - Bonaventura Tecchi, Gli egoisti - Bompiani
1961 - André Schwarz Bart, Le Dernier des Justes - Feltrinelli
1962 - Cornelius Ryan, The Longest Day - Garzanti
1963 - Paolo Caccia Dominioni, El Alamein - Longanesi
1964 - Giulio Bedeschi, Centomila gavette di ghiaccio - Mursia
1965 - Luigi Preti, Giovinezza, giovinezza... - Mondadori
1966 - Vincenzo Pappalettera, Tu passerai per il camino - Mursia
1967 - Indro Montanelli, Roberto Gervaso, L'Italia dei comuni - Rizzoli
1968 - Isaac Bashevis Singer, Di familye Mushkạt - Longanesi

1969 - Peter Kolosimo, Non è terrestre - Sugar

1970 - Oriana Fallaci, Niente e così sia - Rizzoli

1971 - Enzo Biagi, Testimone del tempo - SEI

1972 - Alberto Bevilacqua, Il viaggio misterioso - Rizzoli

1973 - Roberto Gervaso, Cagliostro - Rizzoli

1974 - Giuseppe Berto, Oh, Serafina! - Rusconi

1975 - Susanna Agnelli, Vestivamo alla marinara - Mondadori

1976 - Carlo Cassola, L'antagonista - Rizzoli

1977 - Giorgio Saviane, Eutanasia di un amore - Rizzoli

1978 - Alex Haley, Roots - Rizzoli

1979 - Massimo Grillandi, La contessa di Castiglione - Rusconi

1980 - Maurice Denuzière, Louisiane - Rizzoli

1981 - Sergio Zavoli, Socialista di Dio - Mondadori

1982 - Gary Jennings, Aztec - Rizzoli

1983 - Renato Barneschi, Vita e morte di Mafalda di Savoia a Buchenwald - Rusconi

1984 - Luciano De Crescenzo, Storia della filosofia greca. I presocratici - Mondadori

1985 - Giulio Andreotti, Visti da vicino III - Rizzoli

1986 - Pasquale Festa Campanile, La strega innamorata - Bompiani

1987 - Enzo Biagi, Il boss è solo - Mondadori

1988 - Cesare Marchi, Grandi peccatori Grandi cattedrali - Rizzoli

1989 - Umberto Eco, Il pendolo di Foucault - Bompiani

1990 - Vittorio Sgarbi, Davanti all'immagine - Rizzoli

1991 - Antonio Spinosa, Vittorio Emanuele III. L'astuzia di un re - Mondadori

1992 - Alberto Bevilacqua, I sensi incantati - Mondadori

1993 - Carmen Covito, La bruttina stagionata - Bompiani

1994 - John Grisham, The Client - Mondadori

1995 - Jostein Gaarder, Sofies verden - Longanesi

1996 - Stefano Zecchi, Sensualità - Mondadori

1997 - Giampaolo Pansa, I nostri giorni proibiti - Sperling & Kupfer

1998 - Paco Ignacio Taibo II, Ernesto Guevara. También conocido como el Che - Il Saggiatore

1999 - Ken Follett, The Hammer of Eden - Mondadori

2000 - Michael Connelly, Angels Flight - Piemme

2001 - Andrea Camilleri, La gita a Tindari - Sellerio editore

2002 - Federico Audisio di Somma, L'uomo che curava con i fiori - Piemme

Comune di Novara
In ricordo di
OTTAVIO LAZZARELLI
Vercelli 1.11.1921
Novara 31.8.1986
Libraio a Novara
Fondatore del Premio Bancarella

2003 - Alessandra Appiano, Amiche di salvataggio - Sperling & Kupfer

2004 - Bruno Vespa, Il cavaliere e il professore - Rai Eri, Mondadori

2005 - Gianrico Carofiglio, Il passato è una terra straniera - Rizzoli

2006 - Andrea Vitali, La figlia del podestà - Garzanti

2007 - Frank Schätzing, Tod und Teufel - Nord

2008 - Valerio Massimo Manfredi, L'armata perduta - Mondadori

2009 - Donato Carrisi, Il suggeritore - Longanesi

2010 - Elizabeth Strout, Olive Kitteridge - Fazi

2011 - Mauro Corona, La fine del mondo storto - Mondadori

2012 - Marcello Simoni, Il mercante di libri maledetti - Newton Compton

2013 - Anna Premoli, Ti prego lasciati odiare - Newton Compton

2014 - Michela Marzano, L'amore è tutto: è tutto ciò che so dell'amore - UTET

2015 - Sara Rattaro, Niente è come te - Garzanti

2016 - Margherita Oggero, La ragazza di fronte - Mondadori

2017 - Matteo Strukul, I Medici. Una dinastia al potere - Newton Compton

2018 - Dolores Redondo, Todo esto te daré - DeA Planeta

2019 - Alessia Gazzola, Il ladro gentiluomo - Longanesi

2020 - Angela Marsons, Dead Souls - Newton Compton
2021 - Ema Stokholma, Per il mio bene - Harper Collins

「お待たせしました！」

ロベルトは、モンテレッジォの夏の本祭りでは広場前に大きな露店を広げて、夜遅くまで客たちや関係者たちの相手をしていた。商人というよりも図書館が似合いそうな雰囲気を持つ、温厚な五十代だ。

「父が第一号店を開けたところも見てくださったのですね」

書店に入ろうとして、ふと隣が大きな劇場なのに気が付いた。

「うちの店になっているところは、昔、劇場の待ち合いサロンだったのですよ」

なるほどそれで、店内の高天井から少々書店とは場違いな、古い豪華なシャンデリアが下がっていたのか。

店内はすべて新刊である。劇場時代の吹き抜けとらせん階段をうまく生かして、華やかな雰囲気である。中二階が設けてあり、下が見えるように手すりが作ってある。高天井すれすれまで、隙間を残さずびっしりと本が詰まっている。

一階の壁には凹凸があり、角々に合わせて細長い本棚が嵌め込んである。本棚と本棚の間の狭い空間に入り込む。久しぶりに会う友達と、書店の隅で内緒話をする気分だ。

児童書の本棚の前の小さな椅子に陣取って、飛び出す絵本を繰っている幼い兄妹がいる。店内で待ち合わせをする若いカップルもいる。

書店は通りの続きであり、住民たちの居間や書斎の別室のようなものでもあるのだろう。どの客もくつろいでいる。さきほど外で話した青年が、店内の同僚に向かって目配せすると、

「七月に発表されたばかりの〈ストレーガ賞〉〈イタリアの小説に対して贈られる文学賞〉はお薦めです。でもせっかく当店にいらしてくださったのですから、やはり〈露天商賞〉ですね」

明確で、でも親身で控えめな話し方に聞き入る。この人の見立てる通りにいろいろな本を読んでみたい、とたちまち思う。ロベルトは傍で口を挟まず、小さく頷いている。

「本といっしょにいつでもお待ちしていますので、ごゆっくり少しずつどうぞ」

数冊の郷土関連の古本を傍に抱え持つ私を見ながら、静かに言った。

「町を少し歩きましょうか」

薄暮のノヴァラをロベルトと歩く。あるときはミラノに仕え、またあるときはトリノに、オーストリアやフランス、サルデーニャに、とノヴァラは時の権力に運命を委ねてきた。東西南北、現在と過去が交差するノヴァラを、ロベルトの祖先たちは本を担いで

何度も往来してきた。

「祖父がノヴァラに定住したのは、一九二二年のことでした。やはりモンテレッジォ出身の本の行商人の娘と結婚したのを機に、回廊で露店を出す許可を得た。ごく小さな台から始めたのです」

〈本は必ず町の真ん中で売ること〉

村人たちが先人から叩き込まれてきた鉄則である。

回廊に面した店舗に空きができると、すぐに書店を構えた。ロベルトの父、オッタヴィオはこの書店から長い本屋人生を始めたのである。

イタリアの地方小都市では、人々は目抜き通りを歓談しながら流し歩く習慣がある。ノヴァラの散策路は回廊だ。ラッザレッリ書店は、人の通りが最も多い場所を選んで露店を、そして書店を開いたのである。

「回廊の店というのは敷居が高かった。特に書店など、一般人はなかなか入る勇気が出ませんでした。そこで父は、〈入店無料〉と大きな札を下げ、いつも入り口のドアを開け放していました」

買っても買わなくても、人々はラッザレッリ書店に立ち寄るようになっていく。飾らない人柄のオッタヴィオは皆から好かれて信頼され、書店は多くの住民にとって憩いの場所へとなっていく。

「父は、作家や出版社、時の政治家たちとの付き合いを心得ていました。けれども中道を貫いて、けっして店に特定な傾向を持たせるようなことはしませんでした。うちが今でも町の真ん中で書店を続けていられるのは、でも、母のおかげだと思います」

ロベルトが差し出した新聞記事の切り抜きを見る。

〈ノヴァラから永遠のお別れをマティルデ・ラッザレッリに。夫とともに名書店を築き上げ、「露天商」の伝統を守った人が逝ってしまった〉

本に囲まれ、柔らかい笑顔の夫オッタヴィオに肩を抱かれた美しい人が写っている。短い髪によく灼けた肌。口元は笑っているが、視線はきりりと前を向いている。

「母は、ヴェネツィアに移住したシチリア人の両親のもとに生まれました。ノヴァラには、幼い頃に養女として貰われてきた。本にも町にも接点がありませんでした。

年頃になり回廊を散策していると、ラッザレッリ書店の前を通るたびに父が目をそっと合わせては俯いて微笑んだそうです。母は読書家ではなかった。でも、笑いかけることはしても声はかけてこない若い書店主に興味を持ち、ある日、意を決して店に入ります。〈何か？〉父は、村の行商人たちがするように、目だけで伺いを立てました。戸惑った母は、手ぶらで退店。二度目に来店したときに父が母に話題の恋愛小説を推薦して、ラッザレッツリ書店の今日があるのです」

忙しい夫オッタヴィオの背後に控えて、マティルデはけっして出しゃばることがなかった。三人の子供たちを育てながら、書店のこともそつなくこなした。大変だったろうに、愚痴や泣き言は一切口にしない。いつも上機嫌。誰にでも平等で親切にし、飾り気がなく、だからいっそう優雅だった。

「母はノヴァラが大好きでした。父に会え、天職を授かったからです。この町と父と本が、母にとっての灯台でした」

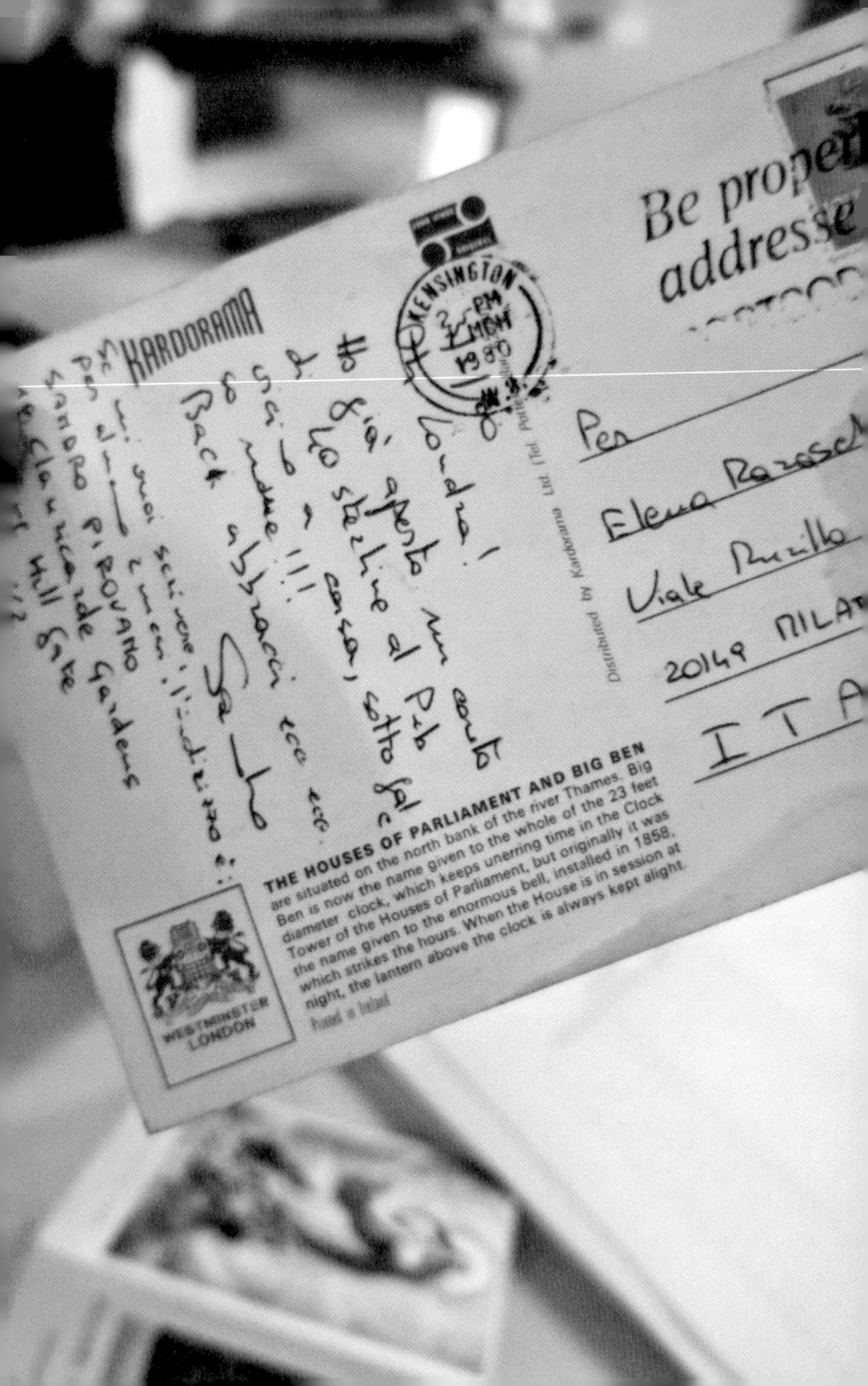

Be proper
addresse
KARDORAMA
KENSINGTON
Distributed by Kardorama Ltd
Per
Viale
20149
ITA
THE HOUSES OF PARLIAMENT AND BIG BEN
are situated on the north bank of the river Thames. Big Ben is now the name given to the whole of the 23 feet diameter clock, which keeps unerring time in the Clock Tower of the Houses of Parliament, but originally it was the name given to the enormous bell, installed in 1858, which strikes the hours. When the House is in session at night, the lantern above the clock is always kept alight.
WESTMINSTER
LONDON

15 ページに挟まれた物語

帰宅してからしばらく、ぼうっとしている。

夏の夕暮れにロベルトと歩いたノヴァラは、現実と隔絶した雰囲気があった。周囲に動じない、小さいが独自の世界が成り立っている。街並みは悠々として美しいけれど、異なるものに対し一線を画しているような印象を受けた。地方の自尊心というか。長年に亘って作り上げた自衛の術というか。

そのような場所へ、山奥から本を担いできて書店を開いたラッザレッリ家の人々のことを思う。萎縮したり、卑屈になったりはしなかったのだろうか。

古都は格式を重んじ、各分野で伝統を守り伝える血族たちにより出来上がっている。

時が移っても、その骨格は微動だにしないものだ。まだ幼かったマティルデが生みの親と住み慣れたヴェネツィアを離れてここで暮らすことになったとき、そして他所者だったラッザレッツリ家へ嫁いだとき、どれほど不安だったろう。あるいは、拠り所もない土地でゼロから自分自身を興していく身上をむしろ面白がり、心を躍らせるような人だったのかもしれない。

「実に明るくて強い女性でした」

大海原にひとり放り出されて、マティルデは泳ぎ切った。ノヴァラと夫と本を灯台にして。〈町の真ん中になければならない〉本屋で、彼女はいつも笑っていた。行くと、いる。必ずそこで待っていてくれる。

ラッザレッツリ書店は、〈マティルデ書店〉だったのだろう。そしてロベルトにとって、書店は母親だったのかもしれない。

ラッザレッツリ書店で古本を数冊購入したあと、ロベルトが町を通り抜けて連れていってくれたのは倉庫だった。旧市街を出てすぐの住宅街にあった。書店にも郊外にも便利な道程上にある。戦後にできた集合住宅の半地下である。表通りから半地下の入り口へは、幅広の緩やかなスロープが延びている。ちょっとした貨物トラックでも、直接に出入り口まで荷台を寄せることができるだろう。

ロベルトはガラス張りの玄関扉を開け、奥へと案内した。

まるで家だった。住人は本たちだ。目に入る範囲だけでも、ざっと二、三百平方メートルはあるだろう。天井近くに磨りガラスの入った明り窓が並び、倉庫特有の閉めきった暗さはない。馴染みのある、紙とインクと埃が混じり合った匂いがする。

深呼吸している私を笑い、ロベルトは本棚を伝いながら行く。私に説明しているようでいて、本に声をかけているようにも聞こえる。

「美術全集です」「芝居のパンフレット」「これは恋愛小説専門の雑誌。人気がありました」「冒険雑誌。少年たちは皆、虜になった」「家庭料理レシピ雑誌」「童話の週刊誌は珍しかったですね」「哲学」「海外文学全集」「豆本。印刷と綴じ職人の技量自慢のようなものでした」「詩集も、ほら」「自転車組み立ての図説」「裁縫用型紙ブック」……。

本棚と本棚の間に、小ぶりの棚が置いてある。木製で二段。彫り模様もない、まっすぐに切った板だけでできた簡素な造りだ。頑丈。見るだけで、安堵する。棚二段に、高さ三十センチ、厚さが十センチ近くある百科事典が並んでいる。濃紺の背表紙に金文字で『イタリア百科事典』と印字されて、知識の権化ここにあり、という風格に満ちている。上下段に二十冊ずつ、少しの隙間もなく見事に収まっている。威風堂々と並んだ背表紙は、〈何でも訊ねて〉と、言わんばかり。頼り甲斐に満ちている。棚板は、支えもないのに全くたわんでいない。おまけにその本棚の上には、十数冊の分厚い古典文学全

集や美術図鑑が積み置かれている。

「これは、父が店を始めた頃に扱っていた百科事典なんです」

売れに売れたという。イタリアの家庭に、知識の基盤を整えた。子供たちに、豊かな将来を配本した。

「月賦制が生まれたのは、ちょうどこの頃だったかな。お客に着々と直接届けて、一冊ごとに信頼関係が強まったものでした」

大ヒットした理由は、本棚である。〈大切な本を送り出す先に、居場所も作ってやらなければ〉。行商人たちの話を聞いて、版元が考えた。

全部揃えると、本棚が埋まる。客たちは一冊ずつ収まっていく棚を見ながら、自分の見聞が広まっていく充足感を味わった。本棚は宝箱だった。月賦は、未来への投資となった。質素な身繕いに、でも丈夫な靴を履き、傍には唯一の宝物の本があった。

木製の本棚は、村から発ったときの行商人たちとよく似ている。

「百科事典ブームが終わっても、専用本棚は骨董店で大人気でした。今でも問い合わせがありますよ。古本を扱っていると、得意先の引越しや蔵書整理に立ち会うことが多い。蔵書だけでなく家具の引き取りを任されることはよくあります。古本といっしょに古道具を扱う仲間もいましたので、本棚と合わせて引き取りをしたものです」

この本棚なら簡素で、どこにでも違和感なく溶け込むだろう。家具として目立たなくても、並べた本を引き立てるのが役目だったのだから。

書店主の夫を支えた、しっかり者の妻マティルデがここにもいる。

書庫というより、本の家である。各々の居場所で、出かける時をじっと待っている。ところどころに作業用の小机と椅子、脚立が置いてある。机の上に、ぎっしりと紙片や葉書が詰まった小箱が無造作に置いてあった。ロベルトが一通の封書を抜き出す。

お父さんへ
私のことはご心配なさいませんよう。

いよいよ娘の誕生が近付いてきました。この子が生まれたら、お父さんが頻繁にヴァーゲンフェルトまで来てくれますように。ファブリツィオと私は楽しみに待っています。これまであれこれ言い争ったことや誤解もありました。離れていると、うまく説明できません。でも強い絆で結ばれているお父さんと私にとって、どんなことも妨げにはなりません。私があまり話さない、とお父さんは言いますが、言葉では表せない気持ちまで電話で伝えるのはとても難しいのです。

お父さん、大好きです。

エレナ

なぜ父親はこの手紙を本に挟んだままにしたのだろう。いや、枕元に置いた本に大切に取り置いていたのかもしれない。誰がその本を処分したのだろうか。

次に取った紙は、ノートを千切った一枚だ。シルクハットの男性がオウムと並んだ絵がボールペンで描いてある。

偉大なドリトル先生

幼い筆記体がまっすぐに並び、誇らし気だ。

ああ、ロンドン！
四十ポンドで、もう銀行口座を開いた。もし手紙をくれるのなら、以下の住所に。

サンドロ

　ケンジントン一九八〇年三月一日の消印。絵葉書には、線からはみ出ないように切手がまっすぐに貼ってある。几帳面な小さな字。イギリスから出した最初の便りのようだ。宛先の女性は恋人だろうか。母親かもしれない。イギリスに銀行口座を開いて、居住先も決めたのだ。これからしばらくイタリアには帰らない……。

「古い本たちを送り出す前に念入りに手入れしますが、ページの間からは栞（しおり）はもちろんのこと、メモや手紙、領収書や絵、写真や絵葉書など、いろいろと出てくるのです」

　元の持ち主から問い合わせがあればすぐに返却できるように、いつどの本から見つけたものなのかをメモに書いて、いっしょに小箱に保管しているのだという。

　でももしかしたら、元の持ち主たちは手紙やメモを抜き取り忘れたのではないのかもしれない。自分だけの大切な物語を本に挟んで、〈ラッザレッリ書店〉に託したのではないか。

　次の読者に物語を届けてくれる、本の行商人に。

50%

16 窓の向こうに

毎年四月二十三日は、ユネスコが制定した〈世界図書・著作権デー（World Book and Copyright Day）〉である。この日に合わせて、二〇一七年、ミラノで初めてのブックフェア〈本の時代（Tempo di libri）〉が開催された。出版や読書、著作権にまつわる諸事情やデータが、各媒体の紙面を賑わした。二〇一六年の国勢調査の結果を読んでいる。

「二〇一〇年に比べて、二〇一六年のイタリアの読書人口は四三〇万人も減少（イタリア総人口は六、〇六〇万人）。

二〇一六年の一年間、六歳以上のイタリア人で〈紙の本を一冊も読まなかった〉のは、

三、三〇〇万人。国民全体の五七・六％に相当する。
男女別では、全男性のうち六四・五％が、女性は五一・一％が〈一冊も読まなかった〉。

男女ともに年齢が上がるほど、〈読まない人〉は増える傾向にある。

また、中学卒で〈読まない人〉は七七・一％で、大学卒では二五％が〈読まない人〉である。

地域別に見ると、南部は総人口の六九・二％が、中部では五五・八％、北部は四九・七％が〈読まない〉。

毎日インターネットを使う人のうち四五・六％が〈本を読まない〉。二〇一〇年時点では、三〇・九％だった。

〈本を読む子〉の六九・七％が、両親とも読書する家庭で育っている。

ちなみに〈本をよく読む人（一ヵ月に少なくとも一冊は読む人のこと）〉は五・七％で、十一～十四歳と五十五～七十四歳の年齢層に多い。

〈家に本がある〉と答えたのは八九・四％だが、二〇〇九年から連続して〈一冊もない〉家が一〇％存在する。

電子書籍を読む人は、約四〇〇万人。六歳以上のイタリア人の七・三％に相当する。」

暗澹（あんたん）とする。

窓から広場を見る。ここから見える人たちの過半数が、昨年に一冊も本を読まなかったのか。

どうりで町から書店が姿を消していくわけだ。つい数年前までは、近所に規模や品揃えの異なる書店が何軒かあり、その日の気分や予定、目的によって立ち寄る書店の使い分けをしていたものだ。

それでもまだ町の中央には大型店が残っているし、ミラノの中央駅にはヨーロッパ最大の床面積を誇る書店もある。読者も作家も出版人も、絶滅はしていないはずだ。

イタリアの新刊出版事情も調べてみる。

一九一九年　　五、三九〇タイトル
一九五九年　　五、六五三タイトル
一九七〇年　一五、四一四タイトル
一九八四年　二一、〇六三タイトル
一九九八年　五六、〇〇〇タイトル
二〇一五年　六五、〇〇〇タイトル（電子書籍、六三、〇〇〇タイトル）

二〇一五年の数字では、紙の本一七八冊を含む三五〇冊の新刊が、毎日刊行されている計算になる。二〇一五年に配本可能な本は、九〇六、四八一タイトルあった。前年度比五・二%増。年間一〇〜六〇タイトルを刊行したイタリアの出版社の数は、一、〇〇五社。

読まない人が増えているというのに、刊行される本はどんどん増え続けているではないか。なぜか。

その前に、イタリアの出版業の商売の仕組みを見てみよう。

簡単に言うと、出版社は出版取次に納品して売り上げを立て、実売で純利益を得る。実売する前から、次の本作りへの支度金が手元に入る仕組みになっている。

出版社は、定価×納品部数の四〇%をまず売り上げとして小切手で受け取る。残り六〇%は、出版取次の采配分だ。出版取次業者は、定価の三五%〜三八%引で書店へ卸す。出版社はまず最初の売り上げを、印刷業者や紙代、グラフィックデザイナーや編集スタッフへの支払いに当てる。通常、諸経費は三ヵ月後払いだ。もし足りなければ身銭を切るか、納品して受け取った小切手を担保に金融機関から借り入れする。

出版業界が他業種と異なるのは、小売店に返品の権利があることだろう。書店は売れなかった本を返し、払い戻し分を次の発注時に割引の形で相殺してもらう。

イタリアの返本率は、約六〇%にも及ぶ。納品から三ヵ月後には、受け取った小切手

の額から、返本の払い戻し分を差し引くことになる。さらに、返本の回収手数料も出版取次に支払わなければならない。

売れなかった既刊は、たいてい将来も売れないものだ。売り切ろうとこだわっていては保管に場所を食うし、再び市場に出すにも経費が発生する。

減収の連鎖から抜け出すために、出版社は新刊を出版する。出して配れば、小切手が入る。繰り返すうちにヒット作が出て負の流れを止め損益をご破算にしてくれないか、と待つのである。

近年、デジタル化で印刷などのコストが下がり、最低刷り部数も低く設定できるようになったため、より少ない部数でより多くの本を間隔を縮めて次々と出す傾向に拍車がかかっている。

現状のままでは、出版業界は苦境を抜け出し難い。出版される作品数が増えれば、競合に勝つために定価を下げるところが増える。価格を下げつつ前年度の業績を維持するためには、販売総量を増やさなければならない。作品ごとの刷り部数は、少なく抑えるようになってきている結果、少部数ずつ、より多くの種類の本を納品することになり、手間と経費が増す。

本を売るためには、まず書店で目立たなければならない。目立つためには、なるべく多くの書店へできるだけ多い部数を配本する必要がある。これでは、実情と逆行だ。資金繰りと出版企画と販売戦略が、うまく嚙み合わなくなってくる。

さらに状況を厳しくしているのは、インターネット書店である。近年、イタリアでも利用者が激増している。巨大な倉庫に一、六〇〇万タイトルの本をまとめて収蔵し、発注先へのみ配本する。手間とコストをピンポイントに絞っている。売れるかどうかわからない多種類の本を、全国に散らばる多くの書店に目算で配本し、返本を回収しては在庫を抱える、という既成業界の無駄を省いた。

けれども本は、そんなに無機質なものだろうか。手に取ってみて、興味を持つこともあるだろう。偶然の出会いから、その後の人生の友となる本もある。

インターネットで本を注文する場合、どの本を買うかはあらかじめ決まっている。運命の出会いはない。最近、インターネット書店で発注の際、〈この本を買った人は、こんな本も買っています〉と、自動的に推薦書の一覧が出てくるようになったが、書店で見る心のこもった手書きのポップや、尋ねればすぐに返ってくる書店員たちの親身で的確な助言には、ほど遠い。

こうして出版界の現状を見ていると、今では細分化された役割のほとんどを、かつて村の行商人たちは一人で担っていたことがわかる。出版社が在庫に手を焼いているのを知ると、倉庫の整理を引き受けて売り歩き、各地から返本を回収しては手元に置き、自分たちが代わりに市場に再び出しては売り切った。たった一冊でも、辺鄙なところでも、既刊でも新刊でも届けた。版元から客に最初に手渡しを始めたのは、インターネット書店が使う宅配業者ではない。本の行商人たちだった。荷車や馬車で本を運び、町の真ん中で平台に本を山と積み、客の顔を見ながら、

「この本を読んだのなら、ぜひこれも」

と勧めたのも、村人たちだった。

〈問題があるなら、解決してみましょう〉

〈要望があるのなら、満たしてみましょう〉

本のおかげで、困窮から脱し切望したものを手にすることができた村人たちは、本から受けた恩を世に返して回ろうとしたのかもしれない。

村の行商人たちの歩いた先に、たくさんの書店が生まれた。記録に残っているところだけでも苗字ごとに町を辿ると、

タラントラ家は、ベルガモ、ベッルーノ、ブレッシァ、クレモナ、ラ・スペツィア、マントヴァ、メラーテ、モデナ、ミラノ、パヴィア、ピサ、ウーディネ、ヴェネツィアに、

ゲルフィ家は、ブレッシァ、フェッラーラ、パドヴァ、ヴェローナ、ヴェネツィアに、

リンフレスキ家は、ボルツァーノ、クレモナ、ピアチェンツァに、

フォゴラ家は、アンコーナ、ラクイラ、ピサ、トリノに、

マウッチ家は、スペイン、アルゼンチン、メキシコ、キューバ、チリ、イタリアではジェノヴァ、ラ・スペツィア、ミラノ、サッサリ、サヴォーナ、シエナに、

ラッザレッリ家は、ノヴァラに、

ジョヴァンナッチ家は、ビエッラ、カザーレ・モンフェッラート、コモ、ドモドッソラ、ヴェルチェッリ、ヴァレーゼに、

という具合だ。どの家も子沢山だったため、各拠点から分岐して書店や露店が生まれ

ていった。多い時は、百店を超えたという。このうち現在も生き残り、直系の家族が継いでいるのはごくわずかだ。

ヴェネツィアのベルトーニ書店は、店主一人で切り盛りしている。店主の選書の眼力を楽しむような店でもある。露天商時代の残り香がある。欲しい本があって訪ねるのではなく、店主が本と引き合わせてくれる。未知の自分へ会いに行くような書店である。

一方、ノヴァラのラッザレッリ書店は、母なる港だ。辛苦の後、見知らぬ土地に溶け込んで人々の暮らしの核となった。書庫にある膨大な本は、村の行商人たちの人生の仲間であり証人だ。

もう一軒、村出身の直系の家族が経営する

書店が残っている、と聞いた。ビエッラというスイスとの国境近くの町にあるという。モンテレッジォから海沿いの道を北上して、三三五キロメートルある。ピエモンテ州。行商人たちが行き着いた東端のヴェネツィアへの道程と、ほぼ同じ距離だ。

　昔ミラノで知り合ったビエッラ出身の人から、

「私たちは挨拶するときにそっと肩に手を触れて、その人が着ている服の質を確かめるのですよ」

　と、聞いたことを思い出す。

　アルプス山脈の裾に位置する町は水源にも恵まれ、農業よりも牧畜業で栄えた。古代ローマ以前から羊毛の織物が作られ始めていたという。欧州の中央という地の利を生かし、栄えてきた。ヴェネツィアが出版の都となったのは、編集を含む各工程の一流職人の技術が集中し投資家が付いたからだったように、ビエッラも繊維に関する情報と技、設備刷新への豊かな財力を備えて、世界有数の産業城下町として栄えてきたのである。

つまり、各時代の政治、宗教、産業の要人たちの装いを担い、世の美意識の頂点を創ってきた。現在も世界の高級羊毛製品の四〇％は、ビエッラで作られている。町の有り様は、そのままイタリアの羊毛製品産業史である。

　千年以上に亘って地場産業を守り続けてきたのだ。ビエッラの人々は、芯が強く真面目で、自信と誇りに満ちているだろう。あるいは、少なからず選民意識もあるかもしれない。

ミラノから電車で二時間と少々。ビエッラの駅前でタクシーに乗り、〈ジョヴァンナッチ書店〉と告げると、

「旧市街の真ん中にありますので、車では近くまでは入れませんが」

運転手はすぐに車を出した。

〈イタリア通り〉にある。国境の町が、メイン通りにこの呼称を付けた気持ちを思う。

通りの入り口で降車したとたん、初めてなのに懐かしさで胸がいっぱいになる。これまで訪れた古都と同じ空気が、ビエッラにはあった。リスボンでありマドリッドでもある、あるいはシチリア島シラクサやパレルモ、イタリア南部バジリカータ州マテーラ、ローマ、トリノ、サルデーニャ島カリアリ、フランスのニース、エクス・アン・プロヴァンス……。流れた時間の上に立ち、先を急がず、けれども過去にしがみ付かず。新興都市の上昇志向や活気とは対極の、足るを知る、落ち着きだ。

老師範を訪ねるようで、緊張する。

朝が早く、通りの店はまだ閉まっている。がらんどう。シャッターが下りていても、ゆとりある町の様子が伝わってくる。日曜日のブランチへ向かうような。

ショーウインドウが並ぶ。壁いっぱいのガラス張りは、路面を映し返すほど磨き上げ

てある。店の心意気が伝わってくる。色とりどりに飾るのは、高級洋装品ではない。本だった。

何枚も続くガラス張りの前を歩きながら、よくぞここまで、と胸がいっぱいになる。

入り口に、〈ヴィットリオ・ジョヴァンナッチ書店〉と看板が掛かっている。新刊書店だ。

「お待ちしていました」

店主ヴィルマと会うのは初めてだが、すでに身内である。襟元で揃えた金髪が、柔らかく波打っている。馴れ馴れしくなく、愛想笑いでもない。数日前に会ったばかりだけれど再び雑談の続きをしにやってきた、という気持ちになる。

つい笑顔に誘われ、初対面なのに思わず肩を抱いて挨拶してしまう。〈そっと肩に触れて〉、か。

店内には、目の前にモンテレッジォがいた。籠を担ぎ本を手に、しっかりした足取りで旅する行商人の姿が額に入れて掛けてある。表彰状が並ぶ。

「ヴィットリオです。本の行商人だった父を早くに亡くし、ごく若い頃に跡を継ぎました。天性の本屋でした。私の義父です」

ヴィルマは黒の飾り気のないワンピースだが、襟元の開き加減や袖へのラインが品の良い顔立ちをいっそう引き立てている。ふと顔に添えた手にはブレスレットを何本も重ね着けして賑々しく、微笑ましい。静かなようで、実は茶目っ気のある女性なのかもしれない。

「お好きなところにどうぞ」

店内は三六〇度、本である。三、四百平方メートルはあるだろう。かつては細分されていたらしく、柱が定間隔で立っている。明るいオレンジ色に塗られていて、本の山の上に陽が差しているように見える。

高い天井まで設えた本棚は、図書館のようで壮観だ。入ってきた通りと並行する奥の壁は、全部ガラス窓になっている。

「義父ヴィットリオは、店を町の真ん中に構えようと移転を繰り返しました。やっとここを得ると、壁という壁を打ち抜きましたの。書店には壁が必要ですのにね！」

本の山の間には、陽を受けてオレンジ色に染まった柱が木立のように続き、奥の窓からは中庭の緑が見える。店内には優しい自然光が入り、天井まで覆う本の威圧感はない。店内にいるのか、屋外にいるのかわからなくなってくる。

〈そうか、ここは露店なのだ〉

行商人の両親に連れられて、幼かったヴィットリオは北イタリア各地の回廊や広場を本と旅した。父親は、彼にとってすべての基点だった。念願だった町の真ん中にやっと書店を開くことができたとき、彼は人生の原風景を再現したかったのではないか。この店はジョヴァンナッチ家にとって悲願成就の証でもあり、村の本屋として原点を忘れないための塚でもあるのだ。


あちこちに、小椅子やソファ、肘掛け椅子が置いてある。布張りだったり、木製だったり。ソファに置かれたクッションのエキゾチックな柄に見入っていると、

「私の実家は、洋品店でしたので」

ジャカード織りやサルデーニャ島の織物、アラベスク模様やイカットなど、世界の織物の見本帳のようだ。

店内が見渡せる隅のソファに座って、私たちはあれこれ話した。ヴィルマ自身もモン

テレッジョの行商人一家に生まれた父親を持ち、夏が来たら妹と村の祖父母のもとで過ごしたこと。定住を決めたビエッラにはすでに書店があったので、母方の家業だった洋品店を父親が継いだこと。苗字は、夫と同じジョヴァンナッチだったこと。「私たち、きっとどこかで繋がっていたのでしょう」。エマヌエーレと結婚が決まると、「あっちの書店のほうが洋品店のうちより、町では有名な〈ジョヴァンナッチ〉だ」と言い、父親が嫉妬したこと。義父は本から生まれてきたような人だったこと。

　ときには笑い転げながら、あるいは「まったくその通り！」と上手に相槌を打ち、少し涙ぐんだり黙ったり。ヴィルマは、本に関わってきた人たちを紡いだ布のようだった。経糸(たていと)と緯糸(よこいと)が織り合わさって反物(たんもの)となり、それを裁断して洋服を創る。

　本作りに似ている。言葉一語ずつが編み込まれて、物語が生まれる。

「その人らしさが一番映える洋服を見立てるのが洋品店の役目なら、読んで心が豊かになる本を勧めるのが書店ですものね」

〈ヴィットリオの店〉と言えば通じる書店にまでなったのは、本を売るだけの場所に止めず、情報発信地として出版活動も始めたからだった。編んだのは、文芸や政治ではなかった。単一産業で成り立った町が繊維不況で揺らいだときに、

「将来のために視野を広げて、多様な伝統工芸や新しい技能も学ぼう」

　と、ヴィットリオは職能を習得するための教材を出版した。以降、ジョヴァンナッチ

書店は、文化人や企業人が自由に集まるサロンの役目も果たすようになっていく。

繊維一辺倒だった町に、多様な職業専門校や講座が新設されたのは革命だったろう。ヴィットリオの先見の明と助力のおかげで、学んで創り、地域を守る意識がビエッラに定着した。そして一九七六年九月五日にはとうとう、〈町の人々のための大学〉の開校にまで至った。

誰もが入ることができ、誰もが学べる。知識を身近に。

それは、村の行商人の信条そのものだった。

〈ヴィットリオの店〉は、未来への入り口となった。


ヴィルマの夫エマヌエーレは、病気で早世している。

「それでも幸せな本屋人生だったと思います。旅行が好きで、本が何より好きでした。血ですね」

本が好き。売るのが好きなのと、読むのが好きなのは別ものである。

「義父も夫も、けっして読書家ではありませんでした。〈明日までに読んでおいてくれないか〉と、帰宅した夫からよく本を渡されました。夫は読んでいないのに、必死で読んだ私から粗筋や感想を聞くだけで、ぴたりと核心を見抜いてしまう。客に尋ねられると読みどころを端的に言い、買わずにはいられない気持ちにさせる達人でした」

AMBINI
MONTAGNA
AUTO - MOTO
ALAN FORD

本に触ったら、ページをめくったら、平台に置いたら、読まなくてもその中身がわかるのだった。

ヴィルマの夫はもういないのに、本に触れて嬉々とする気配が書店には満ちている。天井に届く本棚には、それぞれ専用の長い梯子が付いている。数冊の本を抱えて上り下りしているのは、娘のエリーザだ。短髪で軽装の彼女は、次々と本を差し込んでいく。本棚に燃料を焼べているように見える。足元には、新着の本が山積みだ。すぐ横は、中庭に面した窓に近く、緑色に染まった日差しが柔らかい。

「私はここで大きくなりました！」

エリーザが陽の当たる場所を指差して、元気いっぱいに言う。

そこの棚では、本は背ではなく表紙を見せて並んでいる。棚板は、菜の花色と青空色だ。小さな木製の椅子が置いてある。床すれすれの高さにも、本が並べてある。

ジョヴァンナッチ書店の特等席は、児童書の売り場である。

「時間を見つけては、ボローニャ国際児童図書見本市や子どものための読書指導の講習を受けに行きます」

本棚に、エリーザの意気と小さな客たちへの心遣いが見える。本屋で働く両親を持ち、何ものにも代え難い子供時代の思い出があるのだろう。

ヴィルマに案内されて、地下へ行く。

下りたら、そこはまるで学校の教室のようだった。ヴィルマは、満面の笑みで見渡している。

青空市場のような開放的な一階とは打って変わり、地下には知識がしんと集結している。図鑑や地図、ガイドブック、事典、辞書、画集、写真集といった大型本や分厚い本と並んで、国内外の本がずらりと揃っている。小説もあればノンフィクションもある。何かのテーマに合わせて選んであるようだ。中央には低い壇が設けてあり、対面で数列の椅子が並べてある。

「ここで、新刊の披露や作家を囲んでの朗読や読書会、子供たちへの読み聞かせや小説の書き方講座を開いています」

〈ヴィットリオ・ジョヴァンナッチ書店〉は広く知られていて、シチリア島やナポリ、スペインやドイツからも著者たちがやってきては、読者や書店員との交流を楽しむのだという。

奥で黙ってニコニコしている青年がいる。

「長男のダヴィデです」

立派な体軀の息子の背後には、入荷したばかりの本や文房具や教科書、包装紙やリボン、風船といった雑貨まで、たくさんのものが積み上げられた倉庫があった。妹エリーザに本棚揃えを任せ、彼は地下から本の流れを見守っている。

SAGGISTICA

「ここにエリーザの夫も加えて、家族四人で本の山守を続けています」

黒い簡素なワンピース姿のヴィルマが立つと、店内の本の背や表紙がいっせいに浮き足立つように見える。ノヴァラの書庫で見た、どっしりとした地味な本棚を思い出す。迎える母親がいて、送り出す母親がいる。


数冊の本を買い、数冊の本を贈られる。

「籠の代わりに」

ウィンクしてヴィルマは、華やかなレトロキッチュな柄のショッピングバッグに本を入れ差し出した。色とりどりの新刊本を並べたショーウインドウと重なる。それは、未知の旅先へ開いた窓のように見えた。

あとがきに代えて　本が生まれた村

朝早くから階下が賑やかだ。着いたばかりの人がいるのだろう。モンテレッジォに一軒だけの宿屋に泊まっている。部屋の雨戸を開けると、窓いっぱいに山々が広がる。遠く下方からヤギの啼き声が聞こえてくる。

一階の食堂に下りていくと、もう数人が朝食を取っている。ライトバンから降りてきた男性は奥に向かって挨拶の声をかけて玄関脇に旅行鞄を置くと、また気忙しそうに出ていった。荷下ろしに行くのだろう。いつもはがらんどうの教会裏の駐車場にも、この数日は空きがない。八月の村祭りの最中なのだ。

祭りに合わせて郷帰りするヴィルマと待ち合わせている。

「両親も夫も姉も幼なじみも皆、モンテレッジォにいますから」

と、墓参りに誘われたのだ。

「今晩、講演なさるのですか?」

食堂の隅でコーヒーを飲んでいると、窓際のテーブルから声がかかった。

いえ、本祭りを見にきたのです。

「ここに出ている方かと思って。失礼いたしました」

手元のパンフレットを持ち上げて見せ、その老婦人は笑った。本祭りに合わせて催される行事の一覧らしかった。

私の席からは離れている上に逆光で、その人の表情はよくわからない。窓から差し込む陽を受けて、柔らかく波打つ髪がオレンジ色に染まって見える。

よろしいでしょうか、と私が同席の伺いを立てると、返事をする前にすっと立ち上がり彼女のほうからこちらへ移ってきた。座ったままの私は、目上の人のてらいのなさに恐縮した。

長身で、カーディガンを肩に掛けた立ち姿には得も言われぬ品があった。互いにミラノから来たことがわかり、一気に打ち解ける。

「もうほとんど見えないのです」

大きなフレームの濃いサングラス着用を詫び、それでも本からは離れられない、と笑った。

ロベルタは、八十六歳になる。国語の教師を定年退職した後、郊外で小さな書店を開いた。

「ずっと夢でした」

ユダヤ系イタリア人。父親はいない。親族もいない。幼馴染もいない。誰もいなくなった。生き延びたのは、母親と彼女だけだった。

「勉強をするのよ」

すべてを失って、生きた証として美しい言葉を財とするよう、母親は娘に諭した。

小学校には行けなかった。読み書きは母親から教わった。独学で勉強を続け、大学まで進んで文学を学んだ。結婚はしたけれど、夫にも先立たれてしまう。

また、独り。

〈財は残さなければ〉

教師になったのは、将来に言葉の力を伝えるためである。

「読むことができてよかった」

書店を開き、本へ謝意と鎮魂の思いを捧げて残りの人生を送るつもりだった。ところが本を売り始めると、なかなかの評判を呼んで、ロベルタは大勢の新しい友人に囲まれた。同人誌を作ったり、朗読会を開いたり。

たった一人になったロベルタを、本が再び助けてくれたのだった。

さきほどまで彼女が窓際で熱心に読んでいた分厚い本には、『ファシズム時代のユダヤ人たちの暮らし』とあった。長い付き合いのモンテレッジォの行商人が、彼女のために見つけ出してきてくれたのだという。本の中に、消えたが消せないロベルタの過去がある。唯一の大切な宝物。本。

別れ際に、住所交換をしようとロベルタに苗字を尋ねると、

「ポントレモリ」

と、答えた。国語教師と書店主だった人の苗字が本の町の名前と同じだなんて、と偶然を感心しかけて私は言葉を呑み込んだ。戦後ユダヤ人たちが出自を隠すために、本当の苗字の代わりに地名を宛てていたことを思い出したからである。

「母が選びましたのよ」

子に読むことを託した、母親の深慮を思う。

きっとロベルタは、母親に会いに本祭りにやって来るのだろう。

五月、旅立つ前に行商人たちが一堂に会した山道のそばに、先人たちは眠る。ごく質素な石碑に、栗の木々が緑色の影を投げかけて清廉だ。哀しい終点ではなく、輝く前方への道標に見える。モンテレッジォは、本の魂が生まれた村なのだ。

二〇一八年二月

内田洋子

文庫版あとがき

二〇二〇年は、私にとって特別なものになるはずだった。前年の暮れから春を心待ちにして、散歩に出ては木の枝先を見たり空模様を気にしたりして心躍るような気持ちで毎日を送っていた。

「日本の桜の花の下で会いましょう!」

前年、モンテレッジォについての本をいっしょに作った小学生達と約束していたからだった（『もうひとつのモンテレッジォの物語』方丈社、二〇一九年）。ところが三月初旬、あっという間にイタリアに新型コロナウイルスの感染が拡大し、全土に外出禁止が発令されてしまった。日本で待っていた私は桜が咲くのを見ながら、来日の夢が叶わずがっかりする山村の小学生達を思い、胸が詰まった。そして桜が散ったあとも、疫病の猛威はいっこうに治まらなかった。

モンテレッジォという村があることを知ったのは、二〇一七年の二月だった。トスカーナ州の村から遠く離れた北イタリアのヴェネツィアで、偶然に知った。不思議な何かに引かれて、としか思えない出会いだった。

この数年、冬の底になると、ヴェネツィアへ移って暮らしてきた。冷たい雨が降りしきり、足元には冠水が上ってくる。観光客の足は遠のき、多くの店舗やホテルは休業する。寂しいようで、でもヴェネツィアがやっと住人のもとへと戻ってくる時期であり、町に残った人達の間には運命共同体のような仲間意識が生まれる。

何年イタリアに住んでいようと、私は異国民のままである。見えない境界線を引かれて暮らす。しかたのないことではあるけれども、時々せつなくなる。そういうとき、ヴェネツィアでは居場所が見つかる。静かに待っていてくれるのは、書店だ。

ヴェネツィアには、「世界で最も美しい図書館」とされる国立図書館が、島の中心サン・マルコ広場にある。入ると、中世の賢人ペトラルカの巨大な像に迎えられる。『神曲』の著者ダンテのライバルで、『デカメロン』を書いたボッカッチョの師、イタリアの知性だ。館内には、古代からの写本に加え、ペトラルカが寄贈した蔵書を合わせた百万冊余りが収められている。海運業で栄えたヴェネツィアは、常に新しい知識の玄関だった。情報を集めて出版業が栄え、長らくヨーロッパの知的サロンとしての役割も担ってきた。現在では土産物店が軒を並べる通りも、かつては編集や印刷の工房、刷り物の売店がひしめく本の都だった。

そのサン・マルコ広場からほど近いところに、ベルトーニ書店はある。冬の雨のなか、店の灯りが見えるとほっとする。店主は必ず目を合わせて、〈いらっしゃい〉と迎えてくれる。希少本もあれば、真新しい美術全集もある。この書店に、出版社は滞留在庫の整理を頼み、ヴェネツィアの名家は屋敷終いの際に蔵書を託す。国内外の研究者や学生はここで知識の源を得て、「後継者へ」と、研究の成果と書物を店へ遺していく。店を介して本は息を吹き返し、必要とされる先へと渡っていく。そういう本に囲まれると、独りでいる寂しさを忘れる。新旧の友人といっしょにどこでも行ける勇気が湧いてくる。

二〇一七年の冬の終わりに、「本の原点だから」とベルトーニ書店の店主に勧められモンテレッジォを訪れた。イタリアでもほとんど知る人のいないその小さな村には、雄大な本の歴史があった。あの冷たい雨の中、温かに迎えてくれた無数の本がここに自分を連れてきたのだ、と強く感じた。村と出会ったことを機に、私のイタリアでの暮らしは大きく変わった。寝ても覚めても、本を読むということを届けた人達やその家族のことを考えていた。時間ができるとモンテレッジォへ行き、一軒ずつ訪ねて村人の話を記し、石や木の写真を撮り、古い文書を複写し、得た資料の時代に遡っては同時代の絵画や音楽を見聞きしてみた。訪ねるたびに山を変えて宿を取り、宿主に頼んでは家で食べている料理を出してもらったりした。家族と裏山で果実をもいで食べ、山の村の小学校を訪ねておしゃべりをしながらいっしょに絵を描いた。夕食後、地酒を持参してくる住人達と、宿のカウンターで世間話をした。翌朝、焼きたてのパンが届いたこともあった。

どうにかして土地に同化したかったが、いかんせん山の人は口が重い。そういうとき

ふとベルトーニ書店の名前を出すと、誰もが口元を緩めて、

「ではうちの話もしましょうかね」

と、古い写真を見せてくれるのだった。本屋にまつわる逸話がぽつりぽつりと、でもとめどなく出てきて、立ち往生することもしばしばだった取材の方向がはっきりした。ベルトーニ書店に水先案内を受けるようだった。


「モンテレッジォの本屋の歴史を一冊にまとめてくださり、ありがとうございます」

本を刊行して三年あまり経った今も、連絡を取るたびに店主は繰り返す。疫病前には、観光ガイドに連れられて連日たくさんの日本人客の訪問を受けたと聞いている。訪問客達からモンテレッジォの本を手に記念撮影を請われ、誇らしくてならない、と店主は喜んだ。

〈この通り！〉

メッセージとともに送られてきた画像には、棚に挿してある私のモンテレッジォの本が写っていた。冠水になっても決して浸かることのない、高い段に置いてある。レジの後ろの、店主特選の本が並ぶ一等席だ。

〈ベルトーニ書店は灯台のよう〉

その画像をジャコモに転送しながら、メッセージを打った。

〈モンテレッジォのことを書いた本が日本で刊行されて、それを村出身の本屋の棚に置ける日が来るなんて！〉

すぐにジャコモからも、数枚の画像を付けて返事が送られてきた。ジェノヴァの町を背景に数人が、書店の前で、店内の棚を背に、青空市場に立つ本の露店で、私のモンテレッジォの本を高く掲げて笑っている。ジェノヴァには、本の露天商連盟がある。結束が固い。多くがモンテレッジォの行商人の子孫だ。

〈モンテレッジォの行商人の歴史は、読者の宝物です〉（アリアンナ）

〈また本は境界を超えましたね〉（セヴェリーノ）

〈ヨーコの本が生まれた経緯が、すでに物語！〉（ダニエーレ）

〈読む幸せをありがとう〉（パオラ）

画像に続いて、露天商人達からメッセージが届いた。ちょうど皆で集まって、何か相談ごとをしていたらしい。

「この本がきっかけとなり、村は息を吹き返しました。子供達が熱心に土地の歴史を調べ、消えかかっていた過去が未来へと繋がりました。村の行商人達はそうなることを信じて、ずっと本を届けてきました。感無量です」

ジャコモはモンテレッジォのバールに村人を集めて、ビデオ電話をかけてきた。

そうは言うものの現在モンテレッジォには、小学生から高校生まで合わせて六人の若者がいるだけだ。うち二人は、進学のために村をあとにする。いったん村を出ると就職や家庭を持ったりして、それまでの暮らしに戻るのは難しい。

「村に残るのは老いた人達ばかりとなって、次第にモンテレッジォが世の中から忘れられ、やがて消えてしまうのではないかと気が気ではありません」

高校生のアレッシアが言う。それで村の皆で相談してジェノヴァの本の露天商を招待し、村の新生計画を相談したのだった。

疫病は、人々の心身と暮らしを侵した。でも、ロックダウンですべてが閉されたとき、〈本は大切な友達〉とイタリア政府は通達を出し、薬局や食料品店と同様、書店を閉めなかった。

「一八〇〇年代に先祖が本を売りに半島を回り始めたとき、売る側にも買う側にも文字を読めない人が大勢いました。それでも表紙や挿画を見て、皆、本を買いたがった。夢をかき立てられたからでした。ふさぎがちになる今、文字を追いづらい人もいるかもしれない。それなら見るだけでも楽しめるコミックはどうだろうか、という話になったのです」

第二次世界大戦後のどん底で、テア・B・ボネッリという女性がイタリアで初めての

村の長老、セルジォ・マウッチさんが創った
第一回コミック賞受賞作品への記念杯

コミックを出版した。苦しみから立ち上がるためにコミックを選んだこの出版人の英断を讃えて、疫病で打ちひしがれた二〇二〇年、モンテレッジォの教会前を〈ボネッリ広場〉と命名することに決めた。そして同時に、コミックをテーマに新しい村祭りを立ち上げることになった。露天商連盟と村は力を合わせて、全国から五十人の書店員を選び一年間に刊行されたコミックを読んでもらい、リモートで協議して第一回の受賞作品を選ぶに至ったのである。非常事態の規制が解けた二〇二一年は、村を挙げての開催となった。ビデオ通話の向こうで、モンテレッジォが笑っていた。

「これも本が連れてきた、新しい冒険です。本は未知の世界への扉ですからね」

二〇二一年十一月

内田洋子

公文書・私文書

Archivio Storico Comune di Mulazzo
Archivio Storico Istituto Luce
Archivio Storico Parrocchia di Montereggio
Archivio Privato Associazione “Le Maestà di Montereggio”
Archivio Privato Fogola Fiorella
Archivio Privato Lazzarelli Luigi
Archivio Privato Lorenzo Sola
Archivio Privato Maucci Giacomo
Foto Archivio di Sapori G., Università degli Studi Roma Tre

日刊紙

Avvenire, Roma, 02/01/2000.
Corriere Apuano, Pontremoli, 23/06/1913
Corriere Apuano, Pontremoli, 22/10/1952
Corriere Apuano, Pontremoli, 22/08/1953
Corriere Apuano, Pontremoli, numeri vari 1914-1918
L'Osservatore Romano, Città del Vaticano, 30/09/2000
L'Osservatore Romano, Città del Vaticano, 01/10/2000
L'Osservatore Romano, Città del Vaticano, 02/10/2000
L'Osservatore Romano, Città del Vaticano, 03/10/2000
Corriere della Sera, Milano, 04/09/1917
Caffaro, Genova, 04/09/1917

定期刊行物

AAVV, Il Mensile Apuo Lunense, Carrara, Italia Nostra

AAVV, Villafranca nel Ducato di Parma, Pontremoli, Ass. Manfredo Giuliani, 1971

AAVV, Giornale Storico dellla Lunigiana, La Spezia, Ist. Internazionale di Studi Liguri, 1983

AAVV, Scritti sul commercio librario in Italia, Roma, Archivio Izzi, 1986

AAVV, Almanacco del Bancarella, Pontremoli, Unione Librai Pontremolesi, 1991

AAVV, La fabbrica del libro, Volumi 3-4, Arte Tipografica, 1997

AAVV, Per Terre Assai Lontane. Cento anni di emigrazione lunigianese e apuana, Sarzana, Comunità Montana della Lunigiana, 1998

AAVV, Almanacco Pontremolese, Pontremoli, Centro Lunigianese di Studi Giulidici, 2009

AAVV, Almanacco Pontremolese, Pontremoli, Centro Lunigianese di Studi Giulidici, 2015

書籍（著者名、書名、刊行地名、出版社名、刊行年）

Angella A., Vita e morte ai tempi del colera in una comunità rurale della Lunigiana Parmense,Villafranca, Ass. Manfredo Giuliani, 1989

Barbè G., Breve guida storica di Novara, Novara, Tipolitografia Artigiana, 1976

Barbè G., Novara Pagine di storia. ...di documenti, di memorie ed anche di curiosità: pagine dimenticate nelle biblioteche e negli archivi che rivelano momenti di vita della città nella quale trascorriamo la nostra esistenza., Novara, Libreria Lazzarelli, 1997

Barducci M., Almanacchi, lunari, calendari e strenne, Firenze, Comune di Firenze, 2006

Bazil O., Parnaso dominicano, Barcellona, Editorial Maucci, 1915

Berengo M., Intellettuali e librai nella Milano della Restaurazione, Torino, Einaudi, 1980

Berengo M., Cultura e istituzioni nell'Ottocento italiano, Bologna, Il Mulino, 2004

Bononi L. J., Jacopo da Fivizzano prototipografo, Brescia, Fausto Sardini Editore, 1971

Bononi L. J., Libri & Destini: La cultura del libro in Lunigiana nel secondo millennio, Lucca, Maria Pacini Fazzi Editore, 2000

Brame C.M., Nobleza Y Miseria, Barcellona, Casa Editorial Maucci, 1936

Caddeo R., La tipografia Elvetica di Capolago. Uomini, Vicende, Tempi, Milano, Ed. Alpes, 1931

Caselli C., Lunigiana Ignota, Mulazzo,Tarka edizioni, 2017 (prima edizione 1933)

Cavalli G., Note e appunti per una storia delle abitudini alimentari in Lunigiana, La Spezia, Quaderni dell'Associazione "Manfredo Giuliani" per le Ricerche Storiche ed Etnografiche della Lunigiana 10, 2014

Cavalli G., Note di Etnografia e di Folklore -La Castagna- Raccolta, lavorazione e uso nella tradizione e nel folklore lunigianesi, Estratto da Studi Lunigianesi Anno 12-13, 1982-1983, Pontremoli, Artigianelli, 1984

Circolo Culturale Piero Ravasenga, Romeo Giovannacci: una vita tra i libri, Casale Monferrato, 2004

Cognasso F., Storia di Novara, Novara, Interlinea srl Edizioni,1992

Díaz Quiñones A., 1898: Hispanismo y Guerra.Vol. 39, Lateinamerika Studien, 1998

Eco U., Carolina Invernizio, Matilde Serao, Liala. Firenze, Ed. La Nuova Italia, 1979

Formentini U., Studio Monastero di Santa Maria, Parma, Archivio Storico delle Province Parmensi, 1935

Fossati A., Pagine di storia economica sabauda: 1816-1860, Torino, Ed. Giappichelli, 1940

Franchi G. - Lallai M., Da Luni a Massa Carrara - Pontremoli. Il divenire di una diocesi fra Toscana e Liguria dal IV al XXI secolo, Modena, Aedes Muratoriana, 2000.

Fruzzetti G., In Mulazzo,Sassari, Editoriale Documenta, 2017

Galanti L., Un feudo e un santuario, Pontremoli, Pro Loco di Montereggio, 1976

Gerini E., Memorie storiche d'illustri scrittori e di uomini insigni dell'antica e moderna Lunigiana vol. 2, Massa, Pier Luigi Frediani Tipografo Ducale, 1829

Giangiacomi P., Ernesto Fogola, Ancona, Ed. Fogola, 1923

Greci A., Escursioni in Lunigiana, Padova, Idea Montagna Ed, 2017

Infelise M., Aldo Manuzio, La costruzione del mito, Venezia, Marsilio Editori, 2016

Lanzi L, Francesco Fogolla Missionario e martire, Parma, Frati Minori Convento SS. Annunziata,1996

Lanzi L., Francesco Fogolla apostolo in Cina, Parma, Frati Minori Convento SS. Annunziata, 1997

Lanzi L., Francesco Fogolla e martiri cinesi. Raccolta iconografica, Parma, Frati Minori Convento SS. Annunziata, 2000

Llanas M, Notes sobre l'editorial Mauccii lesseves traduccions. Quaderns: Revista de Traducció, Barcellona, Universitat Autonoma de Barcellona, 2002

Mangani G.,Editori e Librai nell'Ancona del Novecento, Ancona, Il Lavoro Editoriale, 1998

Manuguerra M., Lunigiana Dantesca, La Spezia, Centro Lunigianese di Studi Danteschi, 2006

Martin L., Los parnasos de la Editorial Maucci: Reflejos del ocaso de la hegemonía colonial, Selinsgrove, Susquehanna University, 2015

Martinelli G. B., Origine e sviluppo dell'attività dei Librai Pontremolesi, Pontremoli, Tipografia Martinelli, 1973

Martinelli G. B., I Librai Pontremolesi. Storia esemplare di un mestiere meraviglioso, Mulazzo, Ed. Tarka , 2014

Ranci Ortigosa De Corte P., Milano 1848: Un ragazzo alle cinque giornate, Milano, Xenia, 1990

Repetti A., 1840-1851: Luigi Dottesio da Como e la Tipografia elvetica di Capolago, Roma, Tipografia Nazionale, 1887

Sapori G., Il Libro dei Mestieri di Bologna nell'arte dei Carracci, Roma, Editoriale Artemide, 2015

Serrano de Wilson E., El mundo literario americano, Buenos Aires, Ed-Maucci Hermanos, 1903

Solari G., Almanacchi, lunari e calendari toscani tra il '700 e '800, Firenze, Casa Ed. Leo, 1989

Stommel H., Stommel E., L'anno senza estate, Roma, Le Scienze, 1979

Tripeleff F., La Storia della Signora dei Libri e del Libraio Suo Marito Romanzetto, Novara, 2017

Turi G., Storia dell'editoria nell'Italia contemporanea, Firenze, Giunti, 1997

Wood G., Tambora, the eruption that changed the world, Princeton, New Jersey, Princeton University press, 2015

Zanzi L., Un ventennio di vita varesina dal 1850 al 1870. Memorie intorno al dott. Ezechiele Zanzi, Como, Ostinelli, 1889

Buon Viaggio!

五月の歌。

春の訪れを喜び、皆の安泰を祝う。

村の男たちが集い、歌いながら一軒ずつ訪ねて回る。

各家は、ワインと手料理で歓待する。

行商人たちは、山開きの歌に送られ本を担いで旅に出た。

謝　辞

Ringraziamenti a:
Accademia Italiana della Cucina Delegazione Lunigiana
Associazione Farfalle in Cammino Turismo Responsabile
Associazione "Le Maestà di Montereggio"
Associazione "Manfredo Giuliani"
Per le ricerche storiche e etnografiche della Lunigiana
Biblioteca Civica "E. Gerini" Fivizzano
Biblioteca Comunale di Urbania
Biblioteca Nazionale Marciana Venezia
Centro Lunigianese di Studi Danteschi Mulazzo
Moravská zemská knihovna v Brně / The Moravian Library in Brno
Museo Archivio della Memoria Bagnone
Museo della Stampa Jacopo da Fivizzano
Pro Loco di Montereggio Paese dei Librai

写真クレジット

p.1
Biblioteca Comunale di Urbania, Italia
Foto Archivio:Giovanna Sapori, Università degli Studi Roma Tre
Sapori G., Il Libro dei Mestieri di Bologna nell'arte dei Carracci,
Roma, Editoriale Artemide, 2015

P.2〜3 ©Clemens Zahn/laif/amanaimages

p.46〜47
MAGINI, Fabio. Riviera Di Genova Di Levante
[Scale [ca 1:270 000]. 9,6 cm = 15 Miglia].
Bologna: Fabio di Gio. Ant. Magini, 1620.
Available from: http://mapy.mzk.cz/mzk03/001/049/801/2619270230
Sign. Moll-0002.827
The Moravian Library in Brno所蔵

p.66〜67 ©Martin Cooney martincooney.com

p.90 ©Walter Massari waltermassari.com

p.155
Gutenberg Bible (42-line Bible), Mainz, printed by Johannes Gutenberg, c.1455
慶應義塾図書館所蔵

p.159
Aldine 716, c. Elv
su concessione del Ministero della Cultura
-Biblioteca Nazionale Marciana. Divieto di riproduzione.

p.182 ©Enrico Antoniotti

p.243
Fradella R. senza titolo. 1948 Collezione Famiglia Tavoschi G.

p.326
コミック賞記念杯 ©Sergio Maucci 写真 ©Luca Nizzoli Toetti lucanizzolitoetti.com

上記以外すべて

初出　方丈社HP　連載『本が生まれた村』

1	それはヴェネツィアの古書店から始まった	2017.06.12
2	海の神、山の神	2017.07.07
3	ここはいったいどこなのだ	2017.07.31
4	石の声	2017.08.21
5	貧しさのおかげ	2017.09.11
6	行け、我が想いへ	2017.10.02
7	中世は輝いていたのか！	2017.10.23
8	ゆっくり急げ	2017.11.13
9	夏のない年	2017.11.30
10	ナポレオンと密売人	2017.12.18
11～16		書き下ろし

単行本　2018年4月　方丈社刊
文庫化にあたり、構成を一部変更しました。

本文DTP制作　中川真吾

文春文庫

定価はカバーに表示してあります

モンテレッジォ 小さな村の旅する本屋の物語

2021年11月10日　第1刷
2024年1月25日　第6刷

著　者　内田洋子
発行者　大沼貴之
発行所　株式会社　文藝春秋

東京都千代田区紀尾井町3-23　〒102-8008
TEL　03・3265・1211(代)
文藝春秋ホームページ　http://www.bunshun.co.jp

落丁、乱丁本は、お手数ですが小社製作部宛お送り下さい。送料小社負担でお取替致します。

印刷製本・TOPPAN

Printed in Japan
ISBN978-4-16-791787-6